Pavel Boev

MASKEN

aus aller Welt und ihre Geschichte

Illustriert von Alisa Yufa
Aus dem Russischen von Alexander Löwen

Karl **Rauch**

Pavel Boev hat Sozialanthropologie an der Universität in Bristol studiert und arbeitet für gemeinnützige Organisationen wie den WWF sowie für Wirtschaftsunternehmen.

Alisa Yufa ist Illustratorin und Grafikerin und hat an der Fakultät für Malerei der Kunsthochschule in Nowosibirsk studiert. Bis heute hat sie mehr als 20 Bücher illustriert.

VORWORT

Eigentlich geht es in diesem Buch nicht um Masken, sondern um Menschen. Um die Menschen, die Masken erfunden, hergestellt, genutzt, gehütet und über die Zeit bewahrt haben; es geht darum, wer diese Menschen waren, wo und wann sie gelebt, woran sie geglaubt und wonach sie gestrebt haben. Und es geht in diesem Buch auch um die Beziehung zwischen Mensch und Natur. Viele Wissenschaftler glauben, und ich stimme mit ihnen darin überein, dass die Umwelt großen Einfluss auf die Entwicklung von Gesellschaften hat. Deswegen handelt dieses Buch auch davon, wie die Umwelt, das Klima, natürliche Ressourcen und die Flora und Fauna unsere Kultur mitgestaltet haben. Und wie all das Masken geformt hat.

Häufig ist die Rede davon, dass es zu allen Zeiten und in allen Kulturen Masken gegeben hat. Das stimmt nicht ganz – in bestimmten Kulturen haben Forscher keinerlei Masken gefunden; in anderen waren sie zu einer Zeit vorhanden und sind dann wieder verschwunden; bei wieder anderen hat sich ihre Funktion im Laufe der Zeit gewandelt: vom rituellen Gebrauch zur Maskerade, zur theatralen Nutzung. Und dann kennen wir Masken, die allein praktischen Zwecken dienen – um sich vor der Sonne zu schützen oder um Staub, Wind und Frost abzuwehren.

Masken existierten in Gesellschaften, die Tausende Kilometer voneinander getrennt waren. Das bedeutet, dass sie entweder völlig unabhängig voneinander entstanden sind, oder es gibt einen »gemeinsamen Vorfahren« aller Masken, der furchtbar alt sein muss. Die frühesten erhaltenen Masken sind jedoch nicht älter als 10 000 Jahre, und die ältesten bekannten Darstellungen von Masken auf Felsenzeichnungen – wenn es sich dabei überhaupt um Masken handelt – sind nicht älter als 30 000 Jahre. Das heißt, sie sind zu jung, um dieser eine »gemeinsame Vorfahre« zu sein. Es hat also keinen Sinn, nach ihm zu suchen – höchstwahrscheinlich gibt es ihn einfach nicht. Wir sollten uns stattdessen darauf konzentrieren, wie faszinierend und vielgestaltig Masken sind.

Wir werden alle Kontinente passieren, mit Ausnahme der Antarktis. Dabei werden wir durch die Regenwälder des tropischen Afrikas wandern, in den Dschungel des Amazonas und an die Küsten Neuirlands reisen und die Wüsten des Nahen Ostens besuchen. Wir werden mit den Tlingit an der Pazifikküste der USA fischen, den Topeng auf der Insel Java beim Tanzen zusehen, Schneebrillen aufsetzen, um im hohen Norden nicht zu erblinden, und im Persischen Golf nach Perlen tauchen.

Unsere Reise erstreckt sich auch über Zehntausende von Jahren, von der fernen Vergangenheit bis in die Gegenwart! Die Welt der Masken ist aber so vielfältig, dass dieses Buch niemals alles hätte enthalten können. Ich habe versucht, einige der interessantesten Masken vorzustellen, seien es besonders seltene oder im Gegenteil weltberühmte, die jeder kennt oder kennen sollte.

Das Buch ist in drei Teile gegliedert: rituelle, theatrale und praktische Masken. Allerdings ist diese Einteilung recht willkürlich. Manche Masken liegen irgendwo in der Mitte, manche erfüllen gleich mehrere Funktionen. Die Masken des Cham zum Beispiel sind nicht allein rituell, aber auch nicht wirklich theatral. Die Schneebrille der alten Inuit diente nicht nur als Schutz vor grellem Licht, sondern auch als Visier im Kampf. Außerdem waren sie mit fantasievollen Mustern verziert, die möglicherweise eine rituelle Bedeutung hatten.

Man kann dieses Buch, wo man will, aufschlagen und anfangen zu lesen. Jedes Kapitel widmet sich auf einer Doppelseite einer Maske. Die Kapitel beginnen mit einer Beschreibung der Maske selbst: zu ihren Ursprüngen, ihrer Geschichte und ihren Schöpfern. Es folgen Mythen, Legenden oder historische Ereignisse, die mit der Maske in Verbindung stehen. Schließlich gibt es Informationen zur Umwelt, den Pflanzen, den Tieren und dem Klima und wie sie die Kultur beeinflusst haben.

Übrigens tauchen in diesem Buch häufiger Wendungen wie »möglicherweise«, »wir wissen es nicht sicher« oder »Wissenschaftler streiten sich« auf. Das ist ganz normal und kein Grund, sich zu wundern! Die Wissenschaft ist immer eine Sache der Erforschung und des Zweifels, und es gibt nach wie vor viele Lücken in unserem Wissen über die Welt, obwohl Forscher genügend Wissen gesammelt haben, um die faszinierende Geschichte der Masken zu erzählen. Lasst uns gemeinsam auf diese Reise gehen, die vor fast 30.000 Jahren begonnen hat und (fast) alles über Masken herausfinden!

AM ANFANG JEDES KAPITELS STEHEN SYMBOLE, DIE HELFEN, SICH IM BUCH ZURECHTZUFINDEN. SIE BEDEUTEN:

WELTGEGEND

KULTUR

EPOCHE

MATERIAL, AUS DEM DIE MASKE GEFERTIGT WURDE

Rituelle Masken wurden bei Zeremonien verwendet, bei denen jede Handlung mit besonderer Bedeutung aufgeladen war. Eine ganze Reihe von Regeln, Verboten und Vorschriften gaben den Ablauf dieser Zeremonien vor. Sehr wahrscheinlich sind rituelle Masken die ältesten Masken überhaupt. Die Zeremonien sollten dem Einzelnen helfen, zu verstehen, was mit ihm auf der Welt geschieht – Geburt, Erwachsenwerden, Krankheit, Tod. Wie der Mensch mit den Kräften der Natur in Verbindung steht und welchen Platz er in der Gesellschaft einnimmt. Masken wurden verwendet, um die eigene Individualität auszudrücken oder das Gegenteil, die Zugehörigkeit zu einer Gruppe, um wichtige Ereignisse im Leben zu feiern oder mit dem Jenseits in Verbindung zu treten. Auch heute sind Maskenrituale in vielen Teilen der Welt lebendig und bilden einen wichtigen Teil unseres kulturellen Erbes und Alltags.

Die Maske war gewöhnlich Teil eines aufwendigen Kostüms, das mitunter den ganzen Menschen verhüllte und in etwas anderes verwandelte: eine Heldenfigur, ein höheres Wesen oder auch ein Tier. Das Problem ist, dass fast alle ethnografischen Sammlungen im 19. oder frühen 20. Jahrhundert entstanden sind (Ethnografen sind Menschen, die die Kultur und Gesellschaft anderer Völker beschreiben). Allerdings trugen oftmals nicht Gelehrte, sondern Kaufleute, Beamte und Abenteurer die Objekte zusammen. Sie wurden gegen Waren getauscht, als Geschenke entgegengenommen und manchmal als Kriegsbeute geraubt, weshalb sie oft ohne das jeweilige Kostüm und andere dazugehörige Gegenstände in Museen landeten. Damit waren sie aus dem Zusammenhang gerissen, für den sie von ihren Schöpfern vorgesehen waren.

Rituelle Masken

Den genauen Ursprung einer Maske zu bestimmen und ihre Bedeutung und Funktion zu verstehen, ist für Wissenschaftler keine leichte Aufgabe. Genau das macht jedoch das besondere Geheimnis vieler Masken aus und macht ihr Studium zu einem der faszinierendsten Forschungsgebiete der Ethnografie und Anthropologie.

DIE ERSTEN MASKEN

DER NAHE OSTEN
EUROPA
NORDAFRIKA

DIE ERSTEN JÄGER UND DIE ERSTEN ACKERBAUERN

MITTELSTEINZEIT (CA. 10. BIS 5. JAHRTAUSEND V. CHR.)

VERSCHIEDENE MATERIALIEN

Die Höhlen-Hypothese

Wie waren sie, die ersten Masken? Wir wissen nicht, wann und wo sie aufgetaucht sind. Entweder haben sie die Zeit nicht überdauert, weil sie aus Materialien bestanden, die nicht ewig halten: Holz, Leder, Wolle, Blätter, Früchte oder Fischschuppen. Oder sie wurden nach Zeremonien vernichtet, beispielsweise indem man sie verbrannte.

Mögliche Darstellungen der ersten Masken sind in Höhlenwände gearbeitete Bilder (sogenannte Petroglyphen). Schauen wir uns die berühmte Figur des »Magiers« aus der Drei-Brüder-Höhle in Frankreich an. Sie zeigt einen Mann mit einem Hirschkopf! In den Felszeichnungen der Tassili-Adjer-Hochebene in der Sahara finden wir eine »Göttin«, die eine gehörnte Maske oder einen Helm trägt. Dort ist auch ein »Dämon« mit gehörnter Maske dargestellt. Und jemand hat vor fünfunddreißigtausend Jahren in einer Höhle in Schwaben die Figur eines Löwenmenschen hinterlassen, die aus einem Mammutstoßzahn geschnitzt war. Könnte das nicht ein Mann mit Löwenmaske sein?

An Höhlenwänden sehen wir Menschen mit den Köpfen von Hirschen, Löwen, Schakalen und Stieren. Doch wie kann man erkennen, ob es sich um maskierte Menschen oder um tierköpfige Geister- oder Götterfiguren handelt, ähnlich wie wir sie bei späteren Gottheiten des alten Ägyptens kennen?

Hirschmenschen

Mitte des 20. Jahrhunderts wurden in der Gegend von Star Carr im Nordosten Englands mehrere bearbeitete Hirschschädel gefunden. Ein Teil des Knochens war entfernt worden, um den Schädel leichter zu machen, und es waren Löcher in den hinteren Teil gebohrt – wahrscheinlich, um diese »Bedeckung« an den Kopf zu binden. Streng genommen handelt es sich nicht um eine Maske, da sie das Gesicht nicht verdeckt. Aber es ist verlockend, sie im Zusammenhang mit dem »Magier« aus der Drei-Brüder-Höhle zu betrachten!

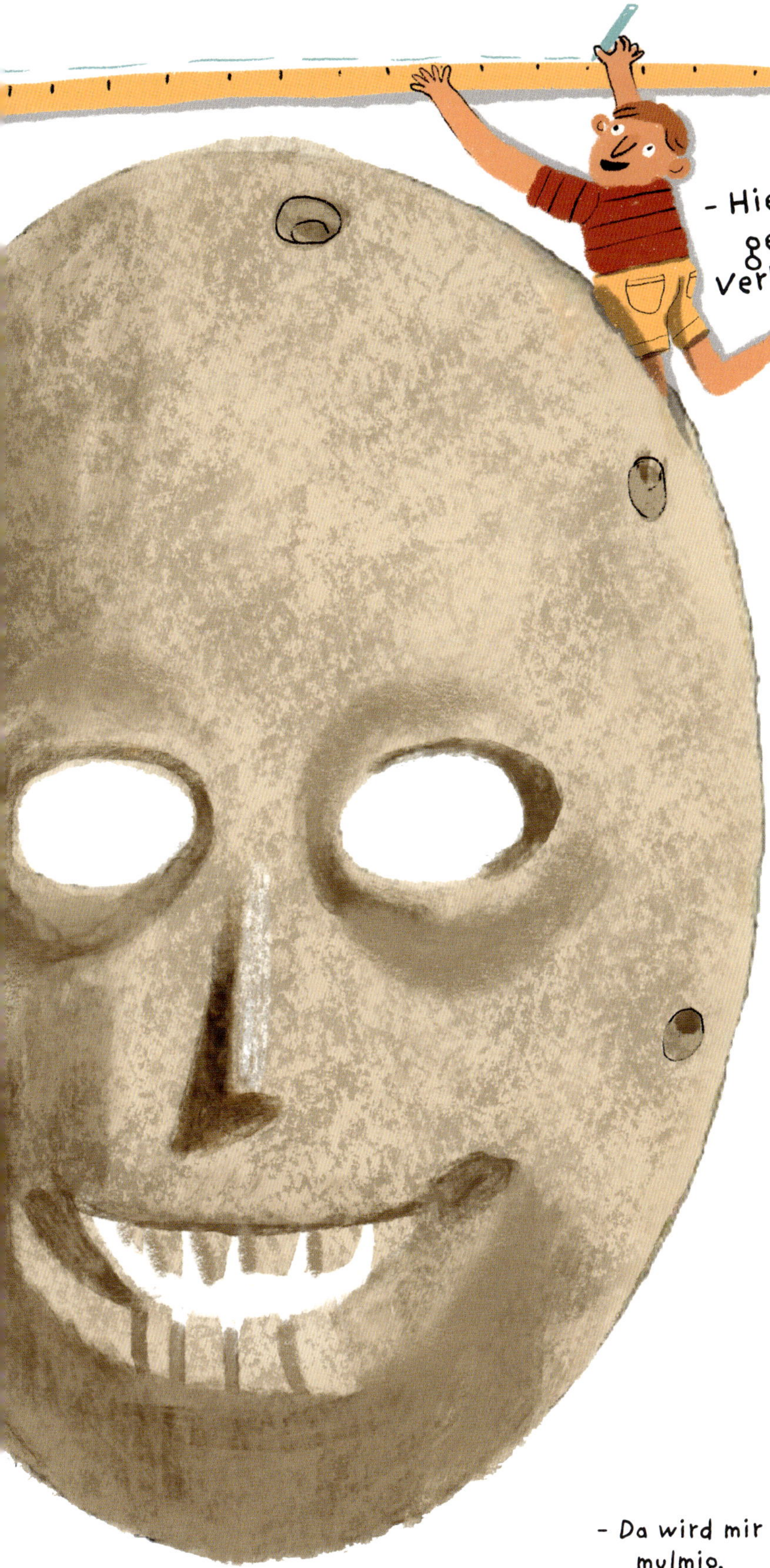

Wer, wie und warum?

Die älteste erhaltene Maske ist mehr als neuntausend Jahre alt! Tatsächlich gibt es gleich mehrere ähnliche Masken, die nicht weit voneinander entfernt gefunden wurden, und zwar in der Judäischen Wüste und in den Hügeln nahe der Stadt Hebron in Israel. Sie sind aus Kalkstein gefertigt und wiegen etwa zwei Kilo. Einige von ihnen haben Löcher, mit denen man sie an etwas festbinden konnte, wahrscheinlich aber nicht an Gesichtern – dafür sind sie zu schwer. Diese Masken wurden in der Jungsteinzeit gefertigt, auch Neolithikum genannt. Zu dieser Zeit fand eines der bedeutendsten Ereignisse der Geschichte statt: Menschen fingen an, Land zu bewirtschaften. Sie wurden sesshaft, die ersten Städte entstanden.

Alle diese Masken könnten bemalt gewesen sein. Eine von ihnen weist sogar Spuren von roter und grüner Farbe auf. Wir wissen nicht, wer diese Masken herstellte, ebenso wenig wie oder wofür, da dies fast dreieinhalb tausend Jahre vor dem Aufkommen der Schrift geschah. Jede weist eigene Züge auf. Was ist, wenn sie konkrete Personen darstellen?

Es gibt die Hypothese, dass diese Masken für Rituale der Ahnenverehrung verwendet wurden. Die Rituale der Bauern der Neusteinzeit könnten gewalttätig gewesen sein, und auch die Masken selbst machen einem angst und bange!

DIE MASKEN DES KÖNIGREICHS SHU

- DIE PROVINZ SICHUAN IM HEUTIGEN CHINA
- SANXINGDUI-KULTUR
- BRONZEZEIT (1.300 BIS 1.000 JAHRE V. CHR.)
- BRONZE, GOLD, ELEFANTENKNOCHEN

Diese Vögel sind im All geflogen!

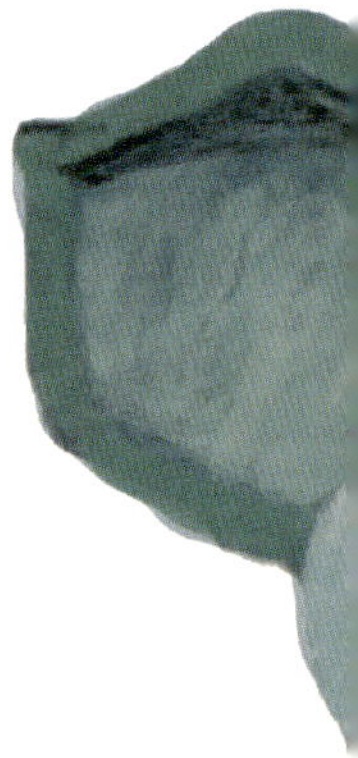

Wer seid ihr nur?

Jahrtausendelang galt das Tal des Gelben Flusses als die Wiege der chinesischen Zivilisation. Bis eines Tages im Jahr 1986 in der Provinz Sichuan im Süden Chinas auffällige Objekte entdeckt wurden, die vollkommen anders waren als alles, was Forscher zuvor gefunden hatten. Sie gehörten wahrscheinlich zum mehr oder minder legendären Königreich Shu. Es waren Waffen, Skulpturen, kostbare Gefäße und natürlich auch Masken aus Bronze, manche mit einer dünnen Goldschicht überzogen. Die Masken sind schwer, einige von ihnen wiegen mehr als drei Kilo. Es ist unwahrscheinlich, dass sie jemals von Menschen getragen wurden, zumal nicht einmal Schlitze für die Augen eingelassen sind. Wahrscheinlicher ist, dass sie an Holzskulpturen oder -pfählen befestigt waren, die als Totem dienten. Erst kürzlich, im März 2021, wurde dann in Sanshindui erstmals eine Maske aus reinem Gold gefunden. Sie wiegt etwa 280 Gramm, und es ist ohne Weiteres möglich, dass Menschen der Sanxingdui-Kultur sie getragen haben.

Schauen wir uns die Merkmale dieser Maske an: große mandelförmige Augen, eine markante Hakennase, ziemlich große und, offen gesagt, abstehende Ohren. Die meisten würden zustimmen, dass sie kaum den Gesichtszügen der heutigen oder früheren Bewohner Chinas ähnelt. Vielleicht waren die Menschen, die die Sanxingdui-Kultur schufen, die Vorfahren der heutigen Nuosu und Lolo, Sprecher tibeto-birmanischer Sprachen.

Cancong

- Meine Augen sind normal! Was soll das?

Die Archäologen haben erstaunliche Objekte gefunden.

Der erste Herrscher

In einer alten chinesischen Legende heißt der erste König von Shu Cancong. Einige Legenden bezeichnen ihn als den Begründer der Seidenherstellung, und der Begriff »Shu« wurde von den Chinesen mit der Gestalt der Seidenraupe in Verbindung gebracht. Die Augen des Königs standen weit hervor, ganz wie bei dieser Maske. Vielleicht soll sie ihn darstellen?

Ein lebendes Fossil

Das Königreich Shu lag im Sichuan-Becken, eine Region, die von allen Seiten von Bergen umgeben ist. Hier herrscht ein warmes wie feuchtes Klima vor. Dank der mächtigen Flüsse Min Jiang und Jangtse gibt es außerdem keinen Mangel an Süßwasser. In der Vergangenheit war fast das gesamte Becken von dichten subtropischen Wäldern durchzogen. Im Verlauf der vergangenen Jahrtausende wurden sie jedoch nahezu vollständig abgeholzt, um Reis, Tee und andere Kulturpflanzen anzubauen. Urwälder haben sich vor allem an den Berghängen und zu ihren Füßen erhalten, und noch in den 1940er Jahren wurde in diesen ein erstaunlicher Nadelbaum entdeckt, der Urweltmammutbaum (Metasequoia).

Der Urweltmammutbaum war in weiten Teilen Sibiriens, Europas und Nordamerikas beheimatet. Inzwischen gibt es aber nur noch etwa 300 Bäume, die in freier Natur wachsen, sodass botanische Gärten auf der ganzen Welt ihn anpflanzen.

Vögel der goldenen Sonne

Forscher haben in der archäologischen Fundstätte Jinsha ein ungewöhnliches Objekt namens »Vögel der Goldenen Sonne« gefunden. Auf dieser aus nahezu reinem Gold gefertigten Scheibe sind Vögel zu sehen, die um die Sonne fliegen. Die Scheibe ist nur 0,2 mm dünn! Tiere spielten in der Shu-Kultur eine wichtige Rolle, denn Archäologinnen und Archäologen haben zahlreiche Darstellungen von Fischen und Vögeln gefunden.

Eine Stickerei mit Fischen, die auf der Goldscheibe abgebildet sind, wurde 2005 von chinesischen Astronauten mit ins All genommen!

DIE MASKE DES AGAMEMNON

GRIECHENLAND

16. JAHRHUNDERT V. CHR.

MYKENISCHE KULTUR

BLATTGOLD

– Wir wissen nicht, wofür diese Maske gut war.

»Ich habe dem Agamemnon ins Antlitz geblickt!«

Das hat der Archäologe Heinrich Schliemann aufgeschrieben, als er das erste Mal diese Maske gesehen hat. Agamemnon war der Name des Königs von Mykene – einer der Helden des Epos Ilias. Heute wissen wir, dass die Maske mehrere Jahrhunderte älter ist als die Ereignisse, die die Ilias beschreibt, und als Agamemnon selbst, falls er überhaupt existierte. Worin sich Schliemann aber nicht geirrt hat, ist, dass die Maske einem König gehörte. Nur die Reichen und Adligen konnten sich solch teure und aufwendig gefertigte Gegenstände leisten. Sie ist aus einem dünnen Blech aus reinem Gold gearbeitet. Dazu wurde das Blech auf einen vorgefertigten Holzklotz gelegt, mit Werkzeugen wurden die Umrisse hineingedrückt. Die Maske hat feine Gesichtszüge, einen Schnurrbart, einen Bart und ausgeschnittene Ohren. Die Maske des Agamemnon ist eine Totenmaske, die in Mykene in einem Grubengrab gefunden wurde. Solche Gräber bestehen normalerweise aus einer tiefen Grube und einem darüber errichteten Hügel. Dieses besondere Grab hatte allerdings keinen Grabhügel und ist möglicherweise deswegen nicht geplündert worden. Hier wurden vier weitere goldene Masken gefunden, die jeweils das Gesicht einer begrabenen Person bedeckten. Aber nur die Maske des Agamemnon ist zu einem der bekanntesten Werke der antiken Kunst geworden. Wegen ihres rätselhaften Halblächelns wird sie als die Mona Lisa der Antike bezeichnet.

– Ich bin reich, ich kann's mir leisten!

– Ich bin die Urururoma der Mona Lisa.

Wissenschaftler glauben, dass solch eine Maske den Seelen der Vorfahren helfen sollte, eine Person zu erkennen, die ins Jenseits kam – oder aber, um böse Dämonen abzuwehren. Wiederum andere vermuten, dass sie auf das Gesicht des Verstorbenen gelegt wurde, um die Seele im Grab zu halten und zu verhindern, dass sie den Lebenden Schaden zufügt.

Ein Nachbar des Minotaurus

Die Mykenische Kultur nahm viele Anleihen bei ihren Nachbarn und in gewisser Weise auch bei ihren Vorgängern, den damaligen Bewohnern Kretas. Ihre Kultur nennen wir heute Minoisch, benannt nach dem legendären König Minos. Er war es auch, der das Labyrinth baute, in dem der Minotaurus lebte – ein Wesen mit dem Kopf eines Stiers und dem Körper eines Menschen. Stiere wurden von den Einwohnern des antiken Kretas verehrt: Spiele mit Stieren sind auf Palastwänden, Münzen und Siegeln abgebildet. Archäologen haben auch Skulpturen von Stierköpfen mit vergoldeten Hörnern gefunden, eine auf Kreta und eine weitere in Mykene. Vielleicht wurden also auch in Mykene Stiere verehrt. Es ist allerdings auch denkbar, dass mykenische Handwerker die Kunst der Kreter übernommen haben. Stiermasken findet man ebenfalls auf der Insel Zypern, die auf dem Weg vom östlichen Mittelmeerraum nach Kreta gelegen ist. Der griechischen Mythologie zufolge entführte Zeus in Gestalt eines Stiers die Königin Europa aus Phönizien an der Ostküste des Mittelmeers und brachte sie nach Kreta. Die Ton- und Steindarstellungen legen nahe, dass Könige oder Priester in Zypern Rituale vollführten, bei denen sie Stiermasken trugen oder bloß Stierhörner aufsetzten.

Löwen in Griechenland?

Unweit der Grubengräber, wo die Maske des Agamemnon gefunden wurde, befindet sich das Löwentor. Auf diesem ist eine Platte mit geschnitztten Löwen- oder Löwinnenfiguren angebracht. Die Köpfe der Tiere sind nicht erhalten, wir wissen daher nicht, ob sie Mähnen hatten oder nicht. Aber wie kommen die Löwen nach Griechenland? In den Ländern rund um das Mittelmeer waren zwei Arten beheimatet: Der Höhlenlöwe lebte einst von Portugal bis Tschukotka, ist aber vor etwa 10.000 bis 15.000 Jahren ausgestorben. Möglicherweise hat diese Art in Südeuropa, einschließlich Griechenland, überlebt, aber das lässt sich heute nicht mehr nachprüfen. Moderne Unterarten des Löwen, wie der Persische Löwe, lebten jedoch zur gleichen Zeit wie die Mykener in Griechenland. Es wird angenommen, dass sie zu Beginn des ersten Jahrtausends in Europa ausgerottet wurden.

DIE MASKE DES XIUHTECUHTLI – DER FEUERFÜRST

ZENTRALAMERIKA

AZTEKENKULTUR

15. BIS 16. JAHRHUNDERT

HOLZ DER WESTINDISCHEN ZEDER, KIEFERNHARZ, TÜRKIS, PERLMUTT, MUSCHELSCHALE

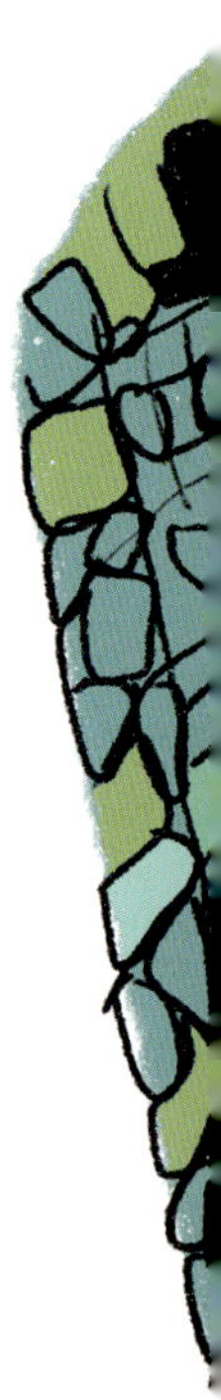

Gott des Feuers und Türkis

Diese Maske symbolisiert Xiuhtecuhtli – den Gott des Feuers, des Lichts und des Tages. Einer seiner Namen ist auch »Herr des Türkis«. Häufig wird er auf Ornamenten aus diesem leuchtend grün-blauen Stein abgebildet. Die Grundlage der Maske besteht aus dem Holz der Westindischen Zeder, ein Tropenbaum mit angenehmem Duft, der Termiten und andere Insekten fernhält.

Türkisstücke sind mit Harz auf den Holzgrund geklebt. Die Augen und Zähne sind aus Perlmutt und Muscheln gefertigt. Die Maske hat Löcher für Bänder, was bedeutet, dass sie nicht einfach an die Wand des Tempels gehängt wurde. Wahrscheinlicher ist, dass sie bei rituellen Handlungen getragen wurde, bei denen Mythen über Götter dargestellt wurden.

Die Maske wurde vor fast 600 Jahren von den Azteken hergestellt, einem Volk, das im heutigen Mexiko lebte. Sie errichteten ein riesiges Reich, das sich vom Pazifik bis zum Atlantik erstreckte. Die Azteken bauten große Städte mit Palästen und Tempeln und waren in Mathematik und Astronomie bewandert. Sie waren auch geschickte und mutige Krieger und konnten die meisten der umliegenden Stämme unterwerfen. Mit ihren Feldzügen wollten sie nicht nur Land und Reichtümer erobern, sondern auch Gefangene, die sie zum Bau von Tempeln und Palästen zwangen. Manchmal brachten sie jedoch die Gefangenen als Menschenopfer dar. Die Azteken glaubten, dies sei die einzige Möglichkeit, blutrünstige Götter zu besänftigen. In einer der wichtigsten Zeremonien wurden Xiuhtecuhtli solche Opfer alle 52 Jahre bei der Zeremonie des »Neuen Feuers« dargebracht.

Die Jaguar-Krieger

Katzen galten fast überall auf dem Amerikanischen Kontinent als heilige Tiere. Die größten unter ihnen sind Jaguare. Diese gefleckten Wildkatzen sind gerissene und erbarmungslose Jäger, die in der Lage sind, viel größere Beutetiere als sie zu töten. So zum Beispiel den Breitschnauzenkaiman, der über drei Meter groß werden kann! Besonders wagemutige aztekische Krieger trugen einen Jaguarmaskenhelm, und so wurden sie auch als Jaguar-Krieger bezeichnet. Es war eine Ehre und Auszeichnung, eine Jaguarmaske zu tragen. Um sie sich zu verdienen, musste ein Krieger mindestens vier Gegner im Kampf gefangen genommen haben.

Die zweiköpfige Schlange

Die Maske des Gottes des Feuers liegt heute im British Museum in London. Ebenfalls dort befindet sich die Figur einer zweiköpfigen Schlange – ein Symbol für Macht. Sehen sich die Maske und die Schlangenfigur nicht ähnlich? Die Schlange wie die Maske sind aus Holz gefertigt und mit Türkis besetzt. Auf aztekischen Kalenderdarstellungen begleiten diese zweiköpfigen türkisfarbenen Schlangen die Sonne auf ihrer täglichen Reise über den Himmel.
Es ist wahrscheinlich, dass diese Schlange einst Teil eines zeremoniellen Kostüms war, das von Häuptlingen oder Priestern getragen wurde, um einen der Götter des aztekischen Pantheons darzustellen.

Der Stein des Glücks

Türkis ist ein weicher Edelstein von blauer oder grüner Farbe. Seine Farbe ist auf die enthaltenen Kupfersalze und Aluminium zurückzuführen. Wegen der Kupfersalze werden auch alte Kupfermünzen und -statuen grün, wenn sie lange Zeit der Luft ausgesetzt sind. Türkis lässt sich leicht bearbeiten, weswegen es beispielsweise auch als Mosaikstein und zur Verzierung von Kleidung, Waffen und anderen Gegenständen verwendet wurde. Übrigens sind es nicht nur die Azteken, die diesem Stein magische Kräfte zuschreiben. Der Türkis leitet sich vom persischen Wort **Firuze** ab, das »Stein des Glücks« bedeutet.

OBBY OSS – DAS SCHWARZE PFERD AUS PADSTOW

CORNWALL, ENGLAND

CORNWALLER, NACHFAHREN DER ANTIKEN KELTEN

18. JAHRHUNDERT BIS HEUTE

LEINENTUCH, HOLZ, SCHAFWOLLE UND SCHWARZE, ROTE UND WEISSE FARBE

Das Pferd, das den Frühling bringt

Jedes Jahr am 1. Mai strömen Scharen von Einheimischen und Touristen in das kleine Fischerstädtchen Padstow im Süden Englands. Das hat einen Grund: Wo sonst bekommt man so ein buntes Ritual zur Begrüßung des Frühlings geboten, das zudem schon seit Jahrhunderten von den Einheimischen aufgeführt wird? Vom frühen Morgen bis zum Sonnenuntergang tanzt Obby Oss durch die Straßen der frühlingshaften Stadt. Der Tanz sieht aus, als würde er mit einem Menschen ringen, der darauf aus ist, ihn mit einem hölzernen Stock zu schlagen. Wenn ihm ein Treffer gelingt, fällt Obby wie tot um, steht aber unter dem Jubel der Menge sofort wieder auf, und der Tanz geht weiter! Die Aktion endet auf dem Hauptplatz unter dem »Maibaum«, dann hält der Frühling endlich Einzug.

Die Seemänner schauen den Papua genau zu.

Im Mittelpunkt des Festes steht Obby Oss – ein Wesen halb Mensch, halb Pferd. Die Figur trägt ein schwarzes Gewand und einen spitzen Hut mit einem Schweif aus Pferdehaar. Das Gesicht wird von einer Maske aus tiefschwarzem Leinentuch bedeckt, auf dem ein grauer Schnurrbart und eine knallrote Zunge besonders auffallen. Außerdem sind an Obbys schwarzem Gewand, das über zwei hölzerne Ringe gespannt ist, klappernde Pferdekiefer befestigt.

Kelten oder Papua?

Einige Wissenschaftler glauben, dass das Ritual mehr als tausend Jahre alt ist und mit dem Fruchtbarkeitskult der alten Kelten zusammenhängt. Andere glauben, dass Matrosen aus Padstow die Maske und den Tanz in Afrika oder auf Papua-Neuguinea »abgeschaut« (dort gibt es tatsächlich ähnliche Masken) und diesen ausgelassenen Brauch am Ende des 18. Jahrhunderts in ihre Heimat mitgebracht haben.

Wo auch immer diese Tradition herkommt – sie symbolisiert eindeutig den Wechsel der Jahreszeiten und das frühlingshafte Wiedererwachen der Natur. Nicht umsonst erwacht auch Obby jedes Mal zum Leben, wenn er mit dem Stock geschlagen wird!

Der Maibaum

Dabei handelt es sich um einen hohen Pfahl oder manchmal auch um einen gefällten Baum mit Krone. Er ist mit einem Kranz, Bändern und Blumengirlanden geschmückt. Um ihn herum werden Reigentänze aufgeführt, um die Ankunft des Frühlings zu feiern. Erstaunlicherweise werden Maibäume in ganz Europa aufgestellt, von England bis Russland. Manche glauben, dass es eine ähnliche Tradition bereits im alten Rom gab, mit der Flora, die Göttin der Blumen, verehrt wurde.

Kleine Stadt mit großer Geschichte

Padstow ist eine kleine Hafenstadt an der Küste der Keltischen See, so wird ein Teil des Atlantischen Ozeans in England genannt. Seit Hunderten von Jahren fahren die Bewohner der Stadt zur See, sie fischen oder dienen in der Marine. Heute findet man hier vor allem einen malerischen Badeort vor. Im Grunde ist es ein winziges Städtchen, eigentlich eher ein Dorf, wobei die Einwohner beleidigt wären, würde man Padstow als Dorf bezeichnen. Früher war es ein blühender Hafen! Die Einwohner von Padstow konnten es sich leisten, drei Kriegsschiffe zur Unterstützung des englischen Königs bei der Belagerung von Calais (1346–1347) während des Hundertjährigen Krieges zu entsenden.

DIE MASKE DES UDEHEISCHEN SCHAMANEN

RUSSLAND

UDEHEISCHE KULTUR

19. JAHRHUNDERT

PAPPEL- ODER LINDENHOLZ, FARBE, BÄRENHAAR

Masken und Trommeln gegen böse Geister

Als Schamanen wurden in Sibirien und im Fernen Osten Personen bezeichnet, von denen man glaubte, dass sie mit Geistern und Naturgewalten kommunizieren konnten. Schamanenmasken wurden aus Holz oder Birkenrinde gefertigt und mit Bären- oder Vielfraßfell verziert. Aus dem Fell wurden ein Schnurrbart, ein Bart und Augenbrauen gebastelt. Die Stirn und die Wangen waren von verschlungenen Mustern durchzogen. Wahrscheinlich stellen diese mit Farbe aufgetragene Verzierungen oder Tätowierungen dar, die einst direkt auf das Gesicht gemalt oder gestochen wurden. Die Verzierung auf der Stirn der Schamanenmaske erinnert an ein Rentiergeweih. Früher glaubte man, dass die Maske vom Schutzgeist eines Schamanen oder einer Schamanin bewohnt wurde. Sie wurden in speziellen Hütten aufbewahrt und manchmal sogar gefüttert! Aus einem in Russland recht bekannten Buch des Entdeckers und Schriftstellers Wladimir Arsenjew über den Nanai-Jäger Dersu Uzala wissen wir einiges über die Art und Weise, wie die Schamanenmasken verwendet wurden. Über die Riten der Udehe-Schamanen schreibt er:

»Den Teufel muss man mit großem Lärm erschrecken! Dafür trägt der Schamane einen schweren Gürtel, an dem hinten einige eiserne Röhrchen hängen, die während des Tanzes einen ohrenbetäubenden Lärm machen. Und man muss dem Teufel mit einem furchteinflößenden Antlitz begegnen. Dazu dient eine mit Bärenfell besetzte Maske. Vertreiben kann den Teufel nur der Donner. Das Donnergrollen ahmt der Schamane mit seiner Trommel nach.«

Als Teufel bezeichnet der Schriftsteller Arsenjew einen bösen Geist, den der Schamane aus dem Körper eines kranken Menschen vertreibt. Denn das Volk der Udehe glaubte, dass Krankheiten von bösen Geistern hervorgerufen wurden. Die Udehe leben auch heute noch an den Ufern der Flüsse Bikin, Khor, Anjui, Samarga und Ussuri, solche Rituale trifft man bei ihnen aber kaum mehr an.

Das Kostüm des Schamanen

Die Maske setzten Schamanen während der »großen Kamlanie« auf – eine besondere Geisterbeschwörung, die von Trommelschlägen begleitet wurde und mehrere Tage dauern konnte. Die Udehe glaubten, dass Schamanen dabei Kontakt zu Geistern aufnehmen, Krankheiten heilen und in die Zukunft blicken konnten. Neben der Maske trug der Schamane ein spezielles Gewand, Rock, Hut, Fäustlinge und Bandagen. Der Rock war mit Figuren von Menschen, und Tieren verziert.

Der russische Amazonas

Die Udehe leben im Süden des russischen Fernen Ostens. Die Natur weist dort mehr Gemeinsamkeiten mit den Tropen auf als mit Sibirien. Die Taiga im Fernen Osten Russlands besteht aus Mischwäldern mit Kiefern und Laubbäumen und ist von faszinierenden Pflanzen durchzogen. Hier wachsen Mandschurische Walnussbäume, Lianen, immergrüne Rhododendren und Actinidien – Verwandte der Kiwi-Bäume. In diesen Wäldern trifft man auf Himalaya-Bären, Mandarin-Enten, Tiger und Leoparden. Im Meer schwimmen Seeigel, Seesterne und Wale, und manchmal tauchen sogar Weiße Haie und Seeschlangen auf. Das Flusstal des Bikin, wo die Udehe heute leben, wird als »Russischer Amazonas« bezeichnet.

Die Udehe glaubten, dass auch Tiere und Pflanzen eine Seele haben und dass »Meister« die Geschicke der Welt in den Händen halten. Zum Beispiel der Meister der Fische und Meerestiere, Sugzja Azani, und seine treue Gehilfin, ein Orca-Weibchen, in udehischer Sprache Temu.

Die Udehe hatten einen verlässlichen Beschützer.

Tiger und Menschen

In den Mythen und Legenden der Udehe taucht der Tiger besonders häufig auf. In manchen wird er zu einem Werwolf oder ist ein Feind des Menschen. Dann muss er im Zaum gehalten und in die Taiga vertrieben werden. In anderen ist der Tiger wiederum ein Beschützer oder sogar ein Verwandter des Menschen, der Waisenkindern und anderen Menschen hilft, die sich in schwieriger Lage wiederfinden. Einen Tiger zu töten, galt als große Sünde, denn er ist der Stellvertreter von Anduli, der wichtigsten Gottheit der Udehe.

Im Glauben der Udehe sitzen ein Tiger und ein Leopard zur Rechten und Linken ihres Throns. Falls ein heiliges Tier getötet wurde, kam diesem ein Begräbnis zu, ähnlich dem eines Adligen. Dem Tier wurde ein Gewand aus Seide angezogen und ein Grabhaus gebaut. Dann wurde es auf alle vier Pfoten gestellt, und unter keinen Umständen durfte es liegen.

DIE MASKEN DER BAKAIRI

MATO GROSSO, BRASILIEN

BAKAIRI

19. JAHRHUNDERT

HOLZ, STROH, WEISSER LEHM UND RUSS

Piranhas, Riesenschlangen … und wie man sonst erwachsen wird

Die Bakairi sind ein kleines Volk, das in der Nähe des Rio Xingu in Brasilien lebt. An wichtigen Festtagen pflegten sie den Brauch, mit Masken und Strohkostümen Tänze aufzuführen. Seht euch nur die riesige Krinoline (ein Gestell für einen weiten Rock) an: Sie konnte einen Durchmesser von bis zu zehn Metern haben! Die Masken selbst waren meist rechteckig und mit wunderlichen Ornamenten verziert. Das Rechteck-Muster stellt einen Bienenschwarm und die Dreiecke Fledermäuse dar. Maskierte Tänzer spielten auf Rasseln, Pfeifen, Trommeln aus leeren Baumstämmen und Flöten, die aus mit Wachs zusammengeklebten Bambusrohren bestanden.

Wir wissen heute nicht, was die Anlässe für solche Feiern waren. Es könnte sich um einen Initiationsritus handeln, bei dem ein Junge oder ein Mädchen von der Gemeinschaft als erwachsen anerkannt wurde. Dafür mussten diese häufig schwierige Prüfungen bestehen. Bei den Bakairi wurden den Jungen mit den Zähnen eines Piranhas Male auf der Haut zugefügt. Und manchmal mussten die angehenden Männer mit einer Boa constrictor ringen! Allerdings war es alles andere als einfach, eine Boa constrictor zu finden und dann zu fangen, sodass dieses Ritual nicht sehr häufig praktiziert wurde – zum Glück für die Jungs und die Schlangen. Heute haben die Bakairi diese Traditionen fast vollständig aufgegeben, und es gibt auch nur noch sehr wenige Masken.

Schauen Sie bitte weg, ich esse!

Die Bakairi sind unter Ethnografen für eine ganz bestimmte Sache berühmt geworden. Sie halten es, nun ja, für nicht angemessen, vor anderen Leuten zu essen! Und wenn einen jemand bei dieser anstößigen Beschäftigung ertappt, sollte diese Person zumindest wegschauen.

Unterschiedliche Sprachen, ähnliche Kulturen

Mato Grosso ist für Forscher eine besonders interessante Region. Hier sind fast alle Sprachen brasilianischer Indigener vertreten. Trotz der unterschiedlichen Sprachen weisen ihre Kulturen häufig Gemeinsamkeiten auf. Die Mitglieder der Stämme versorgen sich mit Fischfang, Jagd und Anbau von Mais, Bohnen, Kürbissen, Papaya und anderen Pflanzen. Sie jagen mit Pfeil und Bogen und fischen mit Netzen und Speeren. Dagegen wenden die Bakairi im Vergleich zu vielen anderen Stämmen eine seltene Methode beim Fischfang an. Sie geben die Säfte giftiger Pflanzen ins Wasser, die Fische lähmen und manchmal töten, für Menschen aber ungefährlich sind.

Das Haus der Riesenameisen

Die Bakairi leben heute in Dörfern am Oberlauf des Rio Xingu und in der nördlichen Cerrado-Region. Diese ist nicht nur die größte tropische Savanne der Welt, sondern auch die mit der größten Artenvielfalt. Hier sind unzählige wilde Pflanzen- und Tierarten beheimatet. Zu diesen gehören beispielsweise der Jaguar, der Riesenameisenbär (beide sind häufig auftretende Figuren in den Mythen der Bakairi), der Mähnenwolf, der Tapir und das Riesengürteltier.

Heute sind viele dieser Arten vom Aussterben bedroht. In ihrem Lebensraum werden Bäume abgeholzt und Büsche und Wiesen gerodet, um Platz für Sojaplantagen und Kuhweiden zu schaffen. Das Fleisch und die Sojabohnen werden dann in die ganze Welt verkauft, und um die Produktion zu steigern, werden immer mehr natürliche Flächen zerstört. In ein paar Jahrzehnten wird von diesem einzigartigen Ort, der Heimat indigener Völker und seltener Wildtiere, vielleicht nichts mehr übrig sein.

MOKOMOKAI – DER AUSGETROCKNETE KOPF

NEUSEELAND

MĀORI KULTUR

19. JAHRHUNDERT

MENSCHENKOPF, LEINENFASERN, HARZ DES KAURI-BAUMES

Wie man den Kopf richtig vorbereitet

Mokomokai sind nicht wirklich Masken. Sie lassen sich nicht auf den Kopf setzen, weil es Köpfe sind! Bei den Māori war es Tradition, wichtigen Stammesmitgliedern nach ihrem Tod den Kopf abzuschlagen – zum Beispiel Häuptlingen, großen Kriegern, aber auch im Kampf getöteten Feinden. Die Gesichter wichtiger und einflussreicher Māori waren oft nahezu lückenlos mit einer komplizierten Tätowierung bedeckt – Tā Moko. Daher auch der Name Mokomokai. Um einen solchen Kopf zu präparieren, wurden das Gehirn, die Augen und andere Teile des Kopfes entfernt und dieser mit Leinenfasern und Harz der Kauri-Kiefer gefüllt. Der Kopf wurde dann in einem Kessel gekocht oder in einem speziellen Ofen gedämpft, anschließend über offenem Feuer »geräuchert« und in der Sonne getrocknet. Um die tätowierte Haut länger haltbar zu machen, wurde sie mit einem Öl bestrichen, das aus der Leber von Haien gewonnen wurde. Diese Köpfe waren sehr wertvoll und wurden in kunstvoll geschnitzten Holztruhen aufbewahrt.

Die Māori glaubten, dass die Mokomokai die Kraft und Weisheit der Verstorbenen enthielten und ihren Besitzern Glück brachten. Außerdem waren die getrockneten Köpfe der Feinde für Friedensschlüsse unerlässlich. Nach dem Ende eines Krieges tauschte man sie als Zeichen der Versöhnung aus. Schließlich will jeder, dass die eigenen Vorfahren ihm selbst helfen und nicht fremden Leuten.

Alles steht im Gesicht geschrieben

Tā Moko sind traditionelle Māori -Tätowierungen. Jede Linie, jeder Bogen enthielt Informationen, die die Māori wie ein Buch lesen konnten. So ging aus diesen Mustern hervor, aus welcher Familie eine Person stammte, welche Stellung sie innerhalb der Familie innehatte, wie viele Kinder sie hatte, welches Wissen sie besaß, ob sie Häuptling, Priester oder Händler war. Der Prozess des Tätowierens war nicht nur lang und sehr schmerzhaft, sondern auch überaus kostspielig, sodass sich nur die mächtigen und einflussreichen Mitglieder eines Stammes komplizierte, das ganze Gesicht bedeckende Mokos leisten konnten. Ihre Köpfe wurden in Mokomokai verwandelt!

Das Land der langen weißen Wolke

Die Māori sind die Ureinwohner Neuseelands, das im Süden des Pazifischen Ozeans liegt. Es besteht aus zwei großen und Hunderten von kleinen Inseln. Diese Inseln gehören zu den von Menschen zuletzt besiedelten Orten der Erde. Die Vorfahren der Māori hielten dort vor etwa 600 bis 700 Jahren Einzug. Sie waren geschickte Seefahrer, die mit ihren großen hölzernen Waka-Kanus Tausende von Kilometern auf dem Meer zurücklegen konnten. Es heißt, dass jeder Stamm auf die Besatzung eines der Boote zurückgeht, die die Inseln erstmals erreichten. Die ersten Siedler nannten Neuseeland Aotearoa – »das Land der langen weißen Wolke«. Heute wissen wir nicht sicher, ob die Vorfahren aller Māori wirklich zur gleichen Zeit ankamen – wie es die Legenden besagen – oder ob sie über Jahrzehnte hinweg nach und nach einwanderten.

Das Wichtigste sind die Beine

Bevor die Māori nach Neuseeland kamen, war es ein Land der Vögel. Sie hatten hier nur wenige natürliche Feinde, was ein wesentlicher Grund dafür war, warum viele ihre Flugfähigkeit verloren. Zum Beispiel der riesige Moa, der in vergleichsweise kurzer Zeit von den Māoris ausgerottet wurde, oder der heute noch lebende Kiwi – ohne einen Schwanz, mit unterentwickelten Flügeln und Federn, die eher wie ein Fell aussehen.

DIE TATANUA-MASKE

NEUIRLAND, PAPUA-NEUGUINEA

NALIK KULTUR

19.–20. JAHRHUNDERT

ALSTONIENHOLZ, TULPENBAUM, NATÜRLICHE FARBEN

Die Frisur eines Rockstars

Die Tatanua-Maske wurde von Indigenen in Neuirland hergestellt – einer nicht allzu großen Insel in Papua-Neuguinea. Diese Maske besteht vor allem aus dem weichen Holz des Alstonia-Baums. Indigene Menschen nennen diesen Baum auch Saba. Die Maske hat eine Hakennase, einen Mund mit großen, hervorstehenden Zähnen, in die Länge gezogene Ohrläppchen und ein bemaltes Gesicht. Die weiße Farbe wird aus gemahlenen Korallen gewonnen, im Wesentlichen handelt es sich dabei also um Kalk. Die rote Farbe ist ein zu Pulver zerkleinertes rotes Mineral. Um schwarze Farbe zu bekommen, werden die gemahlenen und gerösteten Samen des Calophyllum-Baumes mit Kokosnussöl vermischt. Die gelbe Farbe ist der Saft der Ingwerwurzel.

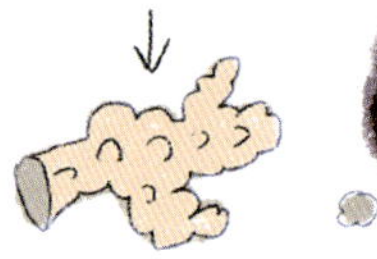

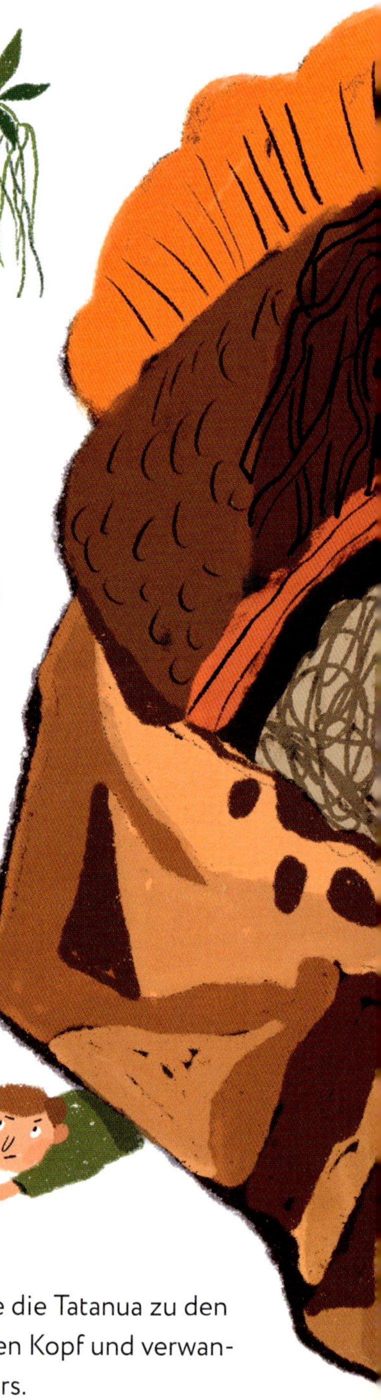

Was für eine extravagante Frisur! Über eine Hälfte des »Kopfes« zieht sich ein hoher Irokesenschnitt, die andere Hälfte ist wie ausrasiert. Es ist eine Hommage an die Tradition: Als Zeichen der Trauer rasierten sich früher die Männer auf Neuirland den Kopf. Die Maskenfrisur wird aus dem Holz des Tulpenbaums gemacht. Das Holz wird mit Stöcken gewalzt, bis sich einzelne Fasern herausbilden, die dann zu einer Art Perücke geflochten werden.

Wissenschaftler zählen Masken wie die Tatanua zu den Helmmasken. Sie bedecken den gesamten Kopf und verwandeln zugleich die Erscheinung des Trägers.

Das Malanggan Ritual

Tatanua ist eine Totenmaske, aber nicht in dem Sinne wie die goldene Maske des Agamemnon. Sie wurde nicht dem Verstorbenen ins Grab gelegt, sondern in Ritualen verwendet, die Malanggan genannt werden. Eine solche Maske herzustellen, dauerte manchmal mehrere Monate! Während dieser Zeit wurde der Abschied von dem Verstorbenen als unvollständig erachtet.

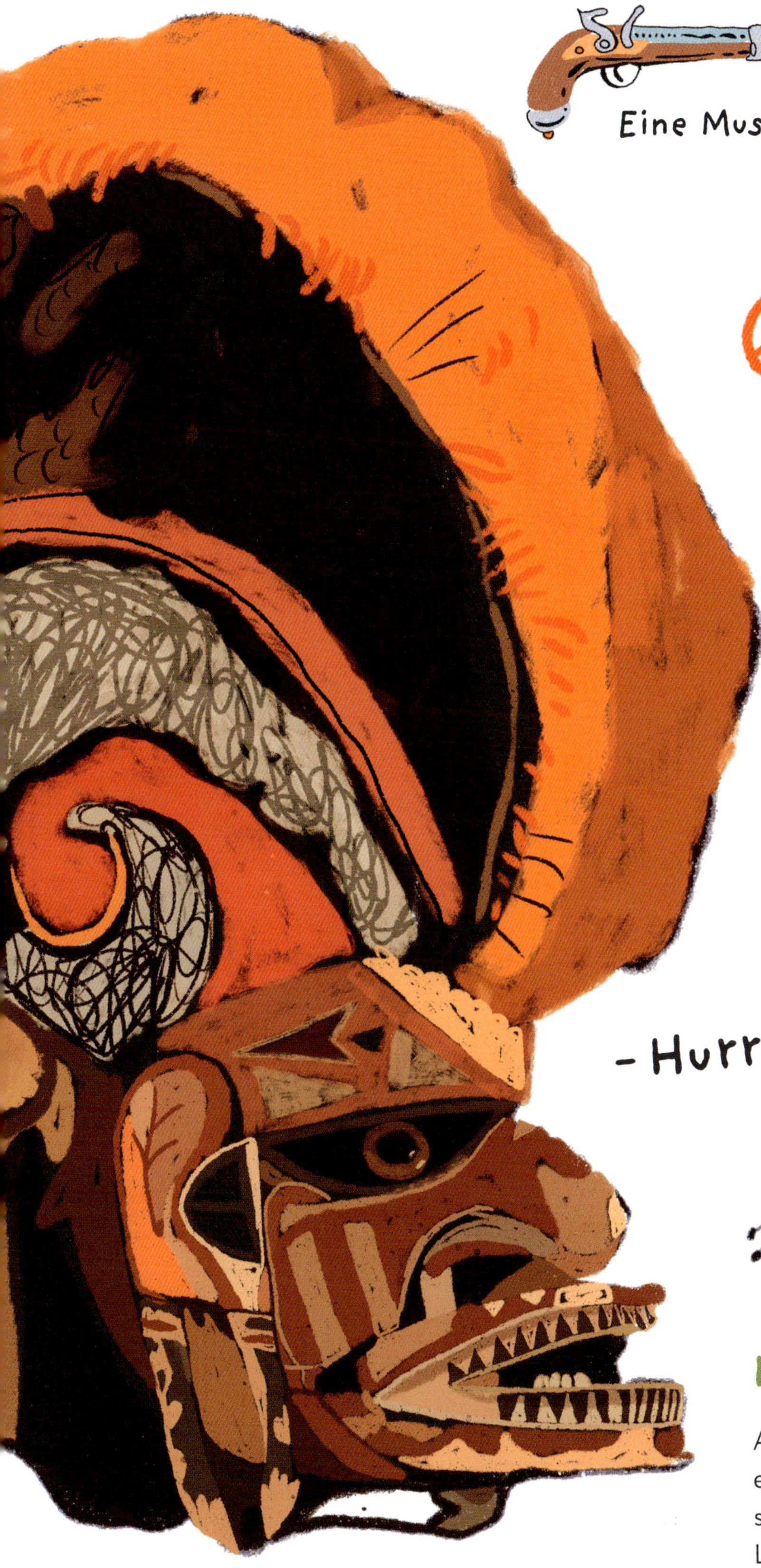

Neben den Masken wurden für das Ritual zahlreiche Holzfiguren geschnitzt, die jeweils eine Eigenschaft des Verstorbenen darstellen sollten. Während der Zeremonie trugen die angesehensten Leute des Dorfes Masken und tanzten. Man glaubte, sie würden so mit den Göttern kommunizieren und den Göttern ihren Respekt für die Verstorbenen zum Ausdruck bringen.

Herstellen und Zerstören

Traditionell wurden die Malanggan-Masken und -Skulpturen nach der Zeremonie verbrannt oder in einer Höhle zurückgelassen, wo sie verrotteten. Heute wird das nicht mehr gemacht, weil die Zahl der Leute, die solche Masken schnitzen können, immer geringer wird. Um die Tradition an die nächsten Generationen weiterzugeben, wird versucht, die Masken zu erhalten.

Land der Fledertiere

Aus der Luft betrachtet hat Neuirland die Form einer Muskete. Die Insel ist sehr schmal und dehnt sich von Nordwesten nach Südosten stark in die Länge. Ein großer Teil der Fläche war von Regenwald bedeckt, weil aber weite Teile abgeholzt wurden, sind die Wälder heute größtenteils nur noch in den Bergen erhalten, die für Menschen schwer zu erreichen sind. Wenn Neuseeland das Land der Vögel ist, dann ist Neuirland das Land der Fledermäuse – von den 45 einheimischen Säugetierarten sind 36 Fledermäuse!

DIE MAHONGWE-MASKE

- KONGO UND GABUN
- KULTUR DER MAHONGWE ODER NGARE
- 19.–20. JAHRHUNDERT
- HOLZ, NATÜRLICHE FARBEN

Ein rätselhaftes Gesicht

Der ungewöhnliche Anblick dieser Maske zieht einen in den Bann: eine dreieckige Nase, Lippen röhrenförmig gespitzt, gerade so, als würden sie nach Wasser saugen, Augenbrauen als große Bögen und hervorstehende, zusammengekniffene Augen. Von dieser Art sind nur wenige Masken erhalten geblieben. Dieses Beispiel wurde in der Region Etoumbi im Kongo gefunden, wo gleich mehrere Volksgruppen beheimatet sind, sodass ihre Herkunft nicht eindeutig auszumachen ist.

Wir wissen auch nicht, wie oder zu welchem Zweck die Maske verwendet wurde. Mithilfe moderner Forschungsmethoden lässt sich aber feststellen, aus welchem Holz sie besteht, wann dieses gefällt und was zur Herstellung der Farbe verwendet wurde. Das erlaubt Rückschlüsse darauf, wo und wann sie hergestellt wurde. Die Frage, wofür, bleibt dagegen vorerst offen.

Einige Wissenschaftler glauben, die Maske gehöre zum Stamm der Mahongwe, der wiederum zur Ethnie der Kota gehört. Wenn man allerdings genau hinsieht, kann man drei Streifen auf der rechten Wange erkennen. Es scheint, dass sie Narben darstellen. Solche haben sich wiederum Mitglieder des Volkes der Ngare in Gabun zugefügt, ganz in der Nähe der kongolesischen Grenze. Die Maske kann durchaus von ihnen hergestellt worden sein.

Masken und Mythen

Vielleicht findet man auf keinem anderen Kontinent eine solche Fülle und Vielfalt an Masken wie in Afrika. Sie gelten als die ungewöhnlichsten und geheimnisvollsten. Wir wissen zwar nur wenig über die Mahongwe-Maske. Dennoch können wir von dem, was wir über die Verwendung von Masken in benachbarten Kulturen wissen, darauf schließen, dass sie bei Ritualen von Geheimgesellschaften verwendet wurden. Diese konnten manchmal gruselig, manchmal lustig sein. Bei diesen Ritualen ging es darum, die Handlung von Mythen »nachzuspielen«, wobei die Teilnehmer die Hauptfiguren der Mythen darstellten: Ahnen, Götter und Naturelemente. Diese Mythen hatten die Funktion, den Menschen zu erklären, wie die Welt um sie herum funktionierte.

Ein schwieriges Erbe

Vom 18. Jahrhundert bis fast zur Mitte des 20. Jahrhunderts standen viele afrikanische Länder unter der Herrschaft europäischer Staaten. Während dieser Zeit wurden alle wertvollen Ressourcen wie Gold, Holz, Gewürze und Kunst aus Afrika herausgebracht. Auf diese Weise gelangten Masken, Skulpturen, Schmuck, Möbel und Textilien in Privatsammlungen und von dort in europäische Museen. Im besten Fall wurden sie eingetauscht, oft aber auch von ihren Besitzern geraubt.

Bis Mitte des 19. Jahrhunderts wurden nicht nur Wertgegenstände, sondern auch Menschen aus Afrika verschleppt. Sie wurden zu Sklaven gemacht und weit weg von ihrer Heimat gebracht – am häufigsten nach Amerika und auf Inseln in der Karibik. Dort wurden die Menschen gezwungen, unter harten Bedingungen auf Plantagen zu arbeiten. Die Sklaven waren aller Rechte beraubt, Familienmitglieder wurden oft voneinander getrennt. Man handelte sie wie Waren auf Märkten. Heute wird dies auf der ganzen Welt als eine der größten und grausamsten Ungerechtigkeiten der Menschheitsgeschichte angesehen.

Kubismus oder kein Kubismus?

Eine Zeit lang hieß es, dass diese Masken den spanischen Künstler Pablo Picasso zu seinem berühmten Gemälde »Les Demoiselles d'Avignon« inspiriert hätten. Heute gilt dieses Bild als eines der Werke, das eine neue Stilrichtung einleitete: den Kubismus. Allerdings wissen wir, dass Picasso etwas anderes inspiriert haben muss. Die seltenen Masken tauchten nämlich in Europa und Amerika erst einige Jahre nach der Entstehung des Gemäldes auf. Dennoch hatte die traditionelle Kunst Afrikas ebenso wie die aus Asien und den beiden Amerikas einen starken Einfluss auf Picasso und andere Künstler des 20. Jahrhunderts.

DIE MASKE DES BÄREN

NORDAMERIKA

TLINGIT

19. JAHRHUNDERT

HOLZ, PFLANZENFASERN, PERLMUTT, SCHNURRHAARE VON SEELÖWEN

Großzügigkeit – etwas Schlechtes?

Die Bärenmaske war zugleich Stammeswappen und Symbol für Reichtum und Macht. Die fünf geflochtenen Ringe auf der Maske bedeuten, dass der Träger fünf reiche Feste ausgerichtet hat, auf denen ein üppiges Festmahl aufgetischt und Geschenke an Stammesmitglieder, Nachbarn, Freunde und sogar Feinde verteilt wurden. Die Eingeborenen an der nordamerikanischen Pazifikküste nennen solche Feste Potlatch. Anlässe waren in der Regel wichtige Ereignisse wie Hochzeiten oder auch Beerdigungen. Der Hauptzweck des Potlatch war es, alle mit Reichtum zu beeindrucken und sich allgemeine Anerkennung zu sichern. Dabei wurden für den Stamm wertvolle Gegenstände wie Pelze, Boote, Schmuck und Wolldecken zum einen verschenkt, zum anderen aber auch zerstört. Denn wer einfach solche Dinge wegwerfen kann, der muss noch viel mehr davon haben und sehr reich sein. Dieser Brauch wurde von den Stämmen der Haida, Tlingit, Tsimshian, Salish, Nutka und Kwakiutl bis ins frühe 20. Jahrhundert praktiziert. Dann wurde er verboten, weil bei der Jagd nach »Anerkennung« oft eher das Letzte, was man besaß, und nicht das Überflüssige verschenkt oder vernichtetet wurde, was mitunter zu Ruin und Armut führte.

Wälder und Flüsse

Die Stämme an der Nordpazifikküste hatten eine hoch entwickelte Kultur, wussten aber nicht, wie man das Land bewirtschaftet oder Tiere domestiziert. Stattdessen lebten die indigenen Bewohner in erster Linie vom Jagen und Sammeln. Das konnten sie dank der reichen Gaben der Natur: Flüsse voller Lachse; im Meer Wale, Seelöwen und andere Tiere; die Wälder reich an Wild, Beeren und Nüssen. Es ist kein Zufall, dass Tiere eines der Hauptmotive in der Kunst der Indigenen sind.

Hölzerne Meisterwerke

Die Ureinwohner der Region waren geschickte Holzschnitzer und hatten einen bemerkenswerten Sinn für Kunst. Aus ganzen Baumstämmen schnitzten sie Totempfähle, Boote und Holzhäuser. Diese Kunstwerke bereichern viele Museen der Welt.

Erst Wal, dann Mensch und umgekehrt

Bei rituellen Tänzen setzen die Mitglieder des Haida-Stammes (Nachbarn der Tlingit) »magische« Masken auf. Wenn man wusste, an welcher Schnur zu ziehen ist, öffnete sich die äußere Maske und eine innere kam zum Vorschein. Ein Rabe verwandelte sich dann in einen Orca und ein Bär in einen Menschen. Die Masken symbolisieren übernatürliche Wesen, die geheimes Wissen besitzen, um unter den Menschen Unheil anzurichten. Das Logo des Football-Teams Seattle Seahawks ist von einer dieser Masken inspiriert.

Im Laufe der Zeit wandelten sich rituelle Handlungen zu Bühnenkunst: Tanz, Oper und Schauspiel. Genau das ist ein Grund, warum Masken Teil vieler Theatertraditionen sind. Die ältesten und bekanntesten gehen auf die europäische Antike sowie fernöstliche und indische Kulturen zurück. Wahrscheinlich ist, dass sie alle aus Ritualen hervorgegangen sind.

Die antike Kultur beeinflusste die Entwicklung des Theaters in Europa; die chinesische Kultur die Bühnenkünste in Korea und Japan; Drama und Tanz in Indonesien, Vietnam, Thailand und anderen süd- und südostasiatischen Ländern standen unter dem Einfluss der indischen Kultur. Diese alten Theatertraditionen vermischten sich mit lokalen Bräuchen, Epen und Märchen und brachten so einzigartige und unverwechselbare Varianten hervor.

Heute sind Theatermasken nicht allein Folklore und touristische Attraktionen. Auch zeitgenössische Theaterregisseure verwenden sie für neue Stücke. Sie dienen ihnen als neuer Zugang, das klassische Repertoire des europäischen Theaters des 19. und 20. Jahrhunderts zu überdenken und mit diesem zu experimentieren.

Theatermasken sind weit davon entfernt, bloße Museumsgegenstände zu sein, sie sind immer noch Teil einer lebendigen, sich weiterentwickelnden Kunstform.

DIE MASKEN DES NŌ-THEATERS

- JAPAN
- TRADITIONELLE KULTUR JAPANS
- 14. JAHRHUNDERT BIS HEUTE
- HINOKIHOLZ, WEISSE GRUNDIERUNG, PFLANZLICHE FARBEN UND TUSCHE

Wiederbelebte Masken

Das Nō-Theater ist einer der Schätze der japanischen Kultur. Aus dem Japanischen übersetzt bedeutet Nō so viel wie »Geschicklichkeit« oder »Talent«. Dieses Theater erreichte seinen Höhepunkt im 14. und 15. Jahrhundert. Im weiteren Verlauf wurde das Nō zur Kunstform der Herrscher und am Hofe. Im 17. Jahrhundert verbot ein Shogun (Militärherrscher Japans) und großer Bewunderer des Nō jegliche Änderungen an den Stücken, den Masken und dem Schauspielstil. Deswegen besteht dieses Theater bis heute in fast unveränderter traditioneller Form fort. Die Handlung basiert häufig auf einem Dialog zwischen den beiden Darstellern: dem Shite und dem Waki. Der Shite ist die Hauptfigur und stellt oft eine Gottheit dar. Indem der Waki ihm Fragen stellt, bringt er ihn dazu, seine meist tragische Geschichte zu erzählen. Die Schauspieler tragen Masken – es sei denn, sie stellen lebende Menschen dar. Für den Shite ist das Tragen der Maske ein Muss. Übrigens werden alle Rollen von Männern gespielt.

Die Maske ist aus einem einzigen Stück Hinoki- oder Kampferholz geschnitzt. Dieses Holz ist recht weich und entsprechend leicht zu schnitzen, zudem duftet es lange Zeit angenehm. Nachdem das Stück zurechtgeschnitten wurde, wird die Maske geschliffen und mit einer speziellen weißen Grundierung lackiert. Die Augen und Haare sind in der Regel mit schwarzer Tusche aufgemalt. Der Schauspieler muss mit der starren hölzernen Maske in der Lage sein, die Emotionen der Figur nur durch seine Stimme und Körperbewegungen auszudrücken.

Eine besondere Kunst ist es, der Maske durch Licht und Schatten verschiedene Gesichtsausdrücke zu verleihen: Freude, Trauer, Zärtlichkeit oder Verachtung. Indem sie sich drehen, den Kopf neigen oder das Gesicht zum Licht heben, gelingt es den Schauspielern, die Maske »zum Leben zu erwecken«.

Das furchterregende Grinsen des Neids

Die Hannya-Maske stellt einen bösen Dämon dar, in den sich eine von Eifersucht und Neid zerfressene Frau verwandelt hat. Der Name der Maske bedeutet übersetzt »Weisheit«. Nicht weil ein eifersüchtiger Mensch weise ist – im Gegenteil. Die erste Maske soll von einem buddhistischen Mönch namens Hunya-bo angefertigt worden sein, was so viel wie »Träger der Weisheit« bedeutet. Die Maske hat Stierhörner, große hervorstehende Augen und einen grinsenden Mund. Hier wird aber kein durch und durch böser Dämon dargestellt. Die Figur wird oft von komplizierten, uneindeutigen Gefühlen geleitet – Trauer, Schmerz über einen Verlust und unerwiderte Liebe.

Wenn der Schauspieler geradeaus schaut, vermittelt die Maske einen bösen Ausdruck, wenn sie aber in einem bestimmten Winkel gedreht wird, sieht es so aus, als würde Hannya weinen.

Die Farbe der Maske kann viel über die Art der dargestellten Hannya-Figur verraten: hellere Töne stehen für eine adlige Herkunft, rötliche Farbtöne für ein Bauernmädchen, ein wahrhaft böser Dämon verbirgt sich dagegen hinter einer dunkelroten Maske.

Es ist sehr kompliziert

Die Masken des Nō-Theaters tragen dazu bei, den Yūgen-Effekt zu erzielen. Es ist schwierig, dieses ästhetische Konzept zu beschreiben. Es bezieht sich auf eine tiefe Ruhe, Mystik und ein Gefühl des Geheimnisvollen und irgendwie Dunklen, das mit der Unterwelt verbunden ist. Der Dichter und Adelige Fujiwara no Sadaie, der im 12. und 13. Jahrhundert lebte, beschrieb Yūgen als eine von zehn Formen des Schönen. Der Dichter Shōtetsu verglich es mit dem Schatten einer Wolke auf dem Mond oder dem Gefühl von feuchtem Herbstnebel auf der Haut. Der Journalist und Publizist Wsewolod Owtschinnikow schreibt in seinem Buch ›Kirschblüte‹, dass der Yūgen »die Meisterschaft der Anspielung oder des Untertons, die Schönheit des Unausgesprochenen« verkörpert.

DIE MASKEN DER COMMEDIA DELL'ARTE

- KÖNIGREICH NEAPEL UND DIE REPUBLIK VENEDIG
- AUFKLÄRUNG UND BAROCK
- 16.–18. JAHRHUNDERT
- GEGERBTES LEDER

Wessen Erbe ist es?

Die Commedia dell'arte entstand im 16. Jahrhundert in Italien. Es wird aber mitunter die Meinung vertreten, dass ihre Wurzeln bis in die römische Antike zurückreichen. So wurden seit dem 2. Jahrhundert v. Chr. in der Stadt Atella Komödien mit maskierten Schauspielern aufgeführt, weshalb diese Form der Komödie auch Atellane genannt wird. Einige der darin auftauchenden Figuren ähneln denen aus der Commedia dell'arte, und möglicherweise sind auch die Themen und Stoffe der Atellane selbst entlehnt. Befürworter dieser These ziehen Parallelen zu den Werken der antiken Komödiendichter Plautus und Terenz, die sich wiederum von noch älteren, nicht erhaltenen griechischen Werken inspirieren ließen. Diese These klingt verlockend, überzeugende Belege gibt es für sie aber nicht. Zwischen den letzten Atellanen und den frühesten Inszenierungen der Commedia dell'arte liegen mehr als tausend Jahre. Diese Art des Volkstheaters hat ihren Ursprung außerdem nicht in Rom, sondern in Neapel und Venedig. Bis zum heutigen Tag unterscheidet man zwei »Quartette« von männlichen Masken – das venezianische und das neapolitanische. In der Commedia dell'arte spielen auch weibliche Figuren: die junge Geliebte Isabella und die fröhliche Magd Colombine.

Die venezianischen Figuren

- Der geizige Kaufmann Pantalone
- Der vermeintliche Il Dottore, meist ein Doktor der Rechtswissenschaften und nicht der Medizin
- Der zwielichtige Diener Brighella
- Der Arlecchino – töricht und oft der Diener zweier Herren

Die neapolitanischen Figuren

- Der Beamte Tartaglia (ital. »Stotterer«)
- Der Irrwisch Scaramuccia oder Scaramouche
- Der ehemalige Bauer Coviello
- Der Streithammel und Raufbold Pulcinella

Alte Bekannte

Viele der Figuren der Commedia dell'arte sind in das spätere italienische Drama und von dort in das moderne Theater übergegangen. So trägt zum Beispiel Truffaldino von Bergamo, der Held von Carlo Goldonis berühmter Komödie **Der Diener zweier Herren**, Züge eines Arlecchino. In demselben Stück trifft er übrigens auf den alten Pantalone. Ein anderer berühmter Dramatiker, Carlo Gozzi, hat Tartaglia in mehreren seiner Werke verewigt. Und während der adlige Graf Theaterstücke bloß schrieb, spielte Carlo Goldoni selbst in ihnen mit – in der Rolle des Scaramuccia!

Der Vorfahr von Mr. Punch und Petruschka

Ende des 17. Jahrhunderts war die Commedia dell'arte praktisch von der Bühne verschwunden. Ihre Figuren sind dagegen bis heute gegenwärtig. Der Raufbold Pulcinella wurde mit der Zeit zu einer Figur des Puppentheaters und kam nach England, wo er als beliebte Figur des Puppentheaters **Punch and Judy** auftaucht. Mr. Punch streitet sich immerfort mit seiner Frau Judy, erlebt lustige Geschichten und versucht, alles und jeden mit seinem Stock zu schlagen – sehr zur Freude kichernder Kinder. Mr. Punch und Judy sind Handpuppen, die durch die geschickten Hände eines Puppenspielers hinter einem rot-weiß gestreiften Vorhang zum Leben erwachen. Viele Theaterhistoriker glauben, dass auch die Figur des russischen Petruschka ein Nachkomme von Pulcinella ist und Ende des 17. Jahrhunderts aus Italien nach Russland gelangte. Es stimmen aber nicht alle damit überein. Eine andere Auffassung besagt, dass Petruschka ein Nachkomme des französischen Guignol sei. So oder so – Petruschka ist mit seiner großen Nase, seiner gebräunten Haut und seinen mandelförmigen Augen offenkundig einer, der von woanders herkommt.

Selbst gemacht, selbst gespielt

Die weiblichen Figuren traten oft ohne Masken auf, während diese für Männer ein obligatorischer Teil der Verkleidung waren. Die Maske war manchmal aus Pappmaché oder Gips hergestellt, am häufigsten jedoch aus Leder, das mehrere Tage lang eingeweicht, dann auf eine Holzunterlage gespannt und mithilfe von Werkzeugen geformt wurde. Die charakteristischen Merkmale der Arlecchino-Maske waren beispielsweise ein Karbunkel auf der Stirn, kleine Augen, eine hochgezogene Nase, hohle Wangen und manchmal buschige Augenbrauen und Stoppeln. Die Masken wurden wahrscheinlich von den Schauspielern selbst hergestellt, und nicht von Handwerkern.

DIE MASKEN DES TOPENG-TANZES

- INSEL JAVA
- TRADITIONELLE INDONESISCHE KULTUR
- 18. JAHRHUNDERT BIS HEUTE
- ALSTONIA-HOLZ, FARBPIGMENTE AUS PFLANZEN UND MINERALIEN

Eine goldene Maske!

Die Sprache des Tanzes

Topeng ist ein traditionelles indonesisches Tanztheater. Das Wort bedeutet übersetzt »Maske«. Dabei treten eine oder mehrere Personen maskiert auf der Bühne auf. Mit ihrem Tanz erzählen sie Geschichten über Könige, Schönheiten, Helden und Fabelwesen. Der Gamelan, ein traditionelles Orchester aus Schlag- und Saiteninstrumenten, begleitet sie musikalisch. Es wird angenommen, dass es den Topeng schon gab, bevor sich Hinduismus und Buddhismus auf dem indonesischen Archipel verbreitet haben. Gleichwohl übten diese Religionen in den folgenden Jahrhunderten großen Einfluss darauf aus.

Topeng gibt es sowohl als reine Tanzdarbietung als auch als Verbindung aus Tanz und Sprechtheater. Darüber hinaus haben sich zwei traditionelle Zweige des Topeng herausgebildet: eine volkstümlich-bäuerliche und eine aristokratisch-höfische Linie.

Die ersten Erwähnungen des Topeng stammen aus dem 8. und 9. Jahrhundert nach Christus. Die Motive und Stoffe entstammen häufig den beiden großen alten indischen Epen Mahabharata und Ramayana. Eine andere Vorlage ist das Gedicht Nagarakertagama aus dem 14. Jahrhundert. Es erzählt vom Herrscher Hayam Wuruk, der ein geschickter Tänzer mit goldener Maske gewesen sein soll. Die Masken des Topeng wurden dagegen in der Regel aus weichem Alstonia-Holz geschnitzt und mit Pflanzenfarben bemalt. Manchmal waren die Masken mit Perlmutt verziert und einige Teile waren vergoldet.

Topeng ist auf vielen Inseln Indonesiens verbreitet – darunter Java, Bali und Borneo mit einer ganzen Reihe lokaler Varianten. Die Inseln, die heute zu Indonesien zählen, gehörten früher zu verschiedenen eigenständigen Königreichen. An den Königshöfen nahm Topeng eine jeweils andere Entwicklung.

Masken und Puppen

Der Stil und die Färbung der Topeng-Masken ähneln den Figuren im traditionellen Indonesischen Schatten- und Puppenspiel und seinen Varianten: Wayang Kulit, Wayang Purwa und Wayang Golek. Erhabene Charaktere haben hier spitze Gesichtszüge, schmale Augen und sind weiß gefärbt. Starke, namhafte Charaktere weisen in der Regel runde Gesichtszüge, runde Augen und eine rote Gesichtsfarbe auf.

– Wir erzählen dir jetzt etwas!

Die goldene Maske

Diese goldene Maske wird im Metropolitan Museum of Art in New York aufbewahrt. Es ist nicht bekannt, ob sie Hayam Wuruk gehörte – jener König, der ein kunstvoller Topeng-Tänzer war. Wissenschaftler gehen gleichwohl davon aus, dass es sich um eine Totenmaske handelt, die nicht bei Theateraufführungen verwendet wurde. Beim Betrachten der Maske können wir uns jedoch vorstellen, wie die goldene Theatermaske von König Hayam ausgesehen haben könnte.

Shakespearesche Leidenschaften

Ein Thema, das in Topeng-Aufführungen dargestellt wird, ist die Geschichte der Prinzessin Chandra Kirana. Ein Prinz – Panji Asmoro Bangun – lebte in einem benachbarten Königreich. Um die Verbindung zwischen beiden Staaten zu festigen, mussten die Prinzessin und der Prinz heiraten. Kurz vor der Hochzeit machte er sich auf, einige abgelegene Klöster zu besuchen. In der Nähe eines Klosters traf er ein schönes, nicht-adliges Mädchen und verliebte sich in sie. Der Prinz heiratete die junge Frau und kehrte mit ihr in seinen Palast zurück. Seine Eltern waren darüber erbost, Botschafter des benachbarten Königreiches forderten, die Ehe müsse geschieden werden und drohten sogar mit Krieg, sollte Panji nicht ihre Prinzessin heiraten. Um den Krieg abzuwenden, lockten Vertreter des Hofes die Frau des Prinzen in einen Wald und ermordeten sie dort. Sie nahm den eigenen Tod hin, damit es nicht zum Krieg kam. Als Prinz Panji dies erfuhr, verlor er vor Kummer sein Gedächtnis und seinen Verstand. Tagelang lief er ziellos umher, über Felder und durch Wälder, richtete Verwüstungen an, zerstörte Dörfer. Prinzessin Chandra beschloss, dem Prinzen zu helfen, nachdem sie von seinem Unglück erfahren hatte. Dafür verkleidete sie sich als Mann und gelangte in den Palast des Prinzen, um ihn von seinem Wahn zu befreien. Und welch ein Wunder! Sie glich der toten Frau des Prinzen, so wie ein Regentropfen dem anderen gleicht – beide Frauen waren Inkarnationen derselben Gottheit: der Liebesgöttin Kamarati. In einer anderen Version ist Kamarati Ehemann und Ehefrau; Göttin und Gott der Liebe, Kama und Rati. Wie auch immer – Panji und Chandra heirateten und lebten glücklich bis ans Ende ihrer Tage.

Die Maske im Metropolitan Museum of Art stammt aus dem 14. Jahrhundert – Hayam Wuruk lebte zu dieser Zeit. Außerdem wurde sie im Staat Majapahit hergestellt, derselbe, den er regierte. Bei diesem handelt es sich um ein mächtiges Reich, das wichtige Seewege kontrollierte und einen großen Teil Südostasiens umfasste. Diese Zeit gilt als das goldene Zeitalter Indonesiens.

DIE MASKE DES THOTSAKAN – Der Dämonen-Herrscher

THAILAND

TRADITIONELLE SIAM-KULTUR

14. JAHRHUNDERT BIS HEUTE

PAPIER, GOLD, PERLMUTT, GLASSTÜCKE UND SPIEGEL

Zehn Hälse

Seit mehr als fünfhundert Jahren wird das traditionelle thailändische Khon-Theater am Hof des Königs von Thailand aufgeführt. Die zentralen Themen dieses Musiktheaters sind dem Ramakian entlehnt – der thailändischen Version des indischen Nationalepos Ramayana, das die Geschichte des Gottes Rama erzählt. Der Legende nach war Thotsakan einer von Ramas Feinden, ein zehnköpfiger Dämon und König von Lanka (der alte Name der Insel Sri Lanka). Sein Name bedeutet auf Sanskrit »zehn Hälse«. Ebenso hatte er zehn Arme, mit denen er eine Vielzahl von Waffen führte. Eine interessante Beschreibung des Khon-Theaters ist von Simon de La Loubère überliefert. Er war Gesandter des französischen Königs Ludwig XIV. in Siam, wie Thailand damals hieß:

»Die Siamesen haben drei Arten von Theaterstücken: das eine nennen sie ›Khon‹, ein Figurentanz zur Musik der Violine und einiger anderer Instrumente. Die Tänzer tragen Masken, sind bewaffnet und führen eher eine Schlacht als einen Tanz auf. Obwohl jeder von ihnen sich immerzu schnell bewegt und extravagante Posen einnimmt, hören sie nicht auf, ihren Text vorzutragen.

Die meisten ihrer Masken sind furchteinflößend und stellen entweder monströse Bestien oder irgendeinen Dämon dar.«

Die Maskenträger stellen tatsächlich Dämonen dar, während Schauspieler, die Menschen oder gute Götter spielen, ihr Gesicht für gewöhnlich nicht verdecken.

Pappmaché?

Das Kostüm des Dämonendarstellers besteht aus einer Maske und einem kunstvollen Kopfschmuck, ähnlich einer Krone. Die Masken bestehen aus stabilem Papier, das aus dem Holz der tropischen Streblus-Pflanzen hergestellt wird. Dieses Papier vergilbt nicht, wird durch Feuchtigkeit nicht beschädigt und brennt schlecht. Ebenso wenig wird es von Insekten gefressen. Alles in allem ein ideales Material! Die Masken werden dann bunt bemalt, dazu mit Perlmutt, Stücken von Glas und kleinen Spiegeln besetzt.

Akrobatik für echte Prinzen

Khon ist bis heute berühmt für seine ausgeklügelten Choreografien und außergewöhnlichen akrobatischen Kunststücke. Der Unterricht der Schauspieler beginnt schon im Kindesalter, damit sie später die Tricks bis zur Perfektion beherrschen. Besonders große Geschicklichkeit ist bei denen gefordert, die die Rolle des Hanumans – des legendären Königs der Affen – spielen. Einst durften dies nur Mitglieder der königlichen Familie, und es war den flinksten Fürsten vorbehalten, die Affen und Dämonen zu spielen.

Siamesische Tänze im russischen Ballett

Bemerkenswerterweise hat das traditionelle Tanztheater Thailands sogar das russische Ballett beeinflusst. Die Hoftruppe des »Siamesischen Balletts« begeisterte das russische Publikum und die Theaterkritiker bei einer Aufführung in St. Petersburg im Jahr 1900. Beeindruckt von diesem Schauspiel malte der Künstler Léon Bakst ein Bild: »Der heilige siamesische Tanz«. Später wurde der siamesische Tanz im Rahmen der berühmten »Russischen Jahreszeiten« von dem bedeutenden Tänzer und Choreografen Václav Nijinsky aufgeführt.

DIE MASKEN DER CHINESISCHEN OPER

- CHINA
- TRADITIONELLE CHINESISCHE KULTUR
- 7. JAHRH. V. CHR. BIS HEUTE
- NATÜRLICHE FARBPIGMENTE, PAPIER, SEIDE

Ein Theater mit langer Geschichte

Das traditionelle Theater in China war, und ist auch heute noch, überwiegend ein Musiktheater.

Es wird angenommen, dass die ersten Aufführungen aus rituellen Tänzen und Liedern entstanden, deren Teilnehmer Masken trugen, die die Geister der Vorfahren darstellten. In einigen unzugänglichen Bergregionen gibt es solche Rituale heute noch. Sie werden »nosi« genannt.

Im Laufe der Zeit verloren die Aufführungen allmählich ihre rituelle Bedeutung und entwickelten sich zu echten Theatervorstellungen. Die Kaiser der Tang-Dynastie (618–907) förderten das Theater besonders. Einer von ihnen war der berühmte Li Longji, auch bekannt als Tang Xuanzong – der »Dunkle Ahne«. Er regierte von 713 bis 756 und gründete das erste professionelle Theater Chinas »Der Birnengarten«. Für dieses schrieb er selbst Stücke, und manchmal trat er auch als Schauspieler auf. In der Ming-Dynastie (1368–1644) wurde das Musiktheater formeller. Alle Schauspieler mussten eine ernsthafte Ausbildung in Tanz, Gesang und Schauspiel absolvieren. In dieser Zeit bildeten sich drei Arten heraus. Das vornehmste war das kaiserliche Theater, dessen Aufführungen nur der Kaiser und hohe Würdenträger genießen konnten. Weil aber nicht allein die Menschen am kaiserlichen Hofe, sondern auch andere adelige und gebildete Bürger Bühnenkunst schätzten, waren Theatergruppen verbreitet, die bei Aristokraten, Generälen und hochrangigen Beamten auftraten. Für die einfachen Leute war das Volkstheater mit bunt geschminkten Schauspielern und lauter Musik bestimmt. Hier wurden Liebesgeschichten erzählt oder Zirkusnummern aufgeführt. Spielstätten waren öffentliche Plätze und Tavernen, wodurch die Schauspiele für jeden und jede zugänglich waren.

Die Farbe hat Bedeutung

Die vielleicht eindrucksvollsten heute erhaltenen Theatervarianten sind die Peking- und die Sichuan-Oper. Die Gesichter der Schauspieler sind mit verschlungenen Zeichnungen oder dünnen gemusterten Masken aus Papier oder Seide bedeckt. Auf diese Weise wird der Charakter der Figuren enthüllt.

Eine sibirische Spur

Interessanterweise erinnern die frühen chinesischen Masken – jene, die auch bei den Nosi-Darbietungen verwendet werden – an Petroglyphen, also in Felsen oder Stein gehauene Zeichnungen, die in Ostsibirien und dem fernen Osten Russlands gefunden wurden. Es ist aber unwahrscheinlich, dass es eine direkte Verbindung zwischen ihnen gibt. Die Wissenschaftler haben sie jedenfalls noch nicht gefunden.

Die Gelehrten sind von den Gemeinsamkeiten fasziniert.

Die Kunst des Gesichterwechsels

Auch in der Sichuan-Oper spielen die Farben der Masken eine wichtige Rolle, wenngleich sie etwas anders interpretiert werden als in der Peking-Oper. Weiß symbolisiert zwar ebenfalls Arglist und Rot steht für Mut, Grün und Blau stehen dagegen für positive Eigenschaften. Ein Kenner der Peking-Oper, der eine Aufführung in Chengdu, der Hauptstadt von Sichuan, besucht, könnte also leicht einen tapferen Krieger mit einem hinterhältigen Schurken verwechseln. (In Sichuan wird das Make-up übrigens nicht auf das Gesicht des Schauspielers aufgetragen, sondern auf eine Unterlage aus Papier oder Seide.) Einem Schauspieler genügt es, sein Gesicht nur für einen Augenblick mit seinem Ärmel oder einem Fächer zu verdecken, schon haben wir eine andere Figur vor uns. Die Kunst des blitzschnellen Maskenwechsels ist ein streng gehütetes Geheimnis und wird seit über 300 Jahren von Generation zu Generation in den Schauspieler-Dynastien weitergegeben. Es heißt, dass ein guter Schauspieler ein Dutzend Gesichter in weniger als einer Minute wechseln kann!

Der Opernliebhaber ist verwirrt.

Die Farbe der Schminke selbst ist sehr wichtig. So weisen beispielsweise Rottöne auf einen tapferen Kriegsherrn wie Lian Po hin, dessen Maske hier dargestellt ist. Eine Zink-weiße Maske mit weißem Bart und Schnurrbart steht für einen listigen Charakter, eine schwarze für einen kriegerischen und eine blaue für einen boshaften und harten.

DIE MASKEN DES ANTIKEN THEATERS

- DAS ANTIKE ROM UND GRIECHENLAND
- DIE KULTUR DER ANTIKE
- 5. JAHRH. V. CHR. – 5. JAHRH. N. CHR.
- HOLZ, RINDE DER KORKEICHE, LEINEN, TIERFELL, MENSCHENHAAR

Vom Ritual zum Theater

Das antike griechische Theater gilt als das älteste in Europa. Seine Blütezeit erstreckte sich vom 6. bis zum 3. Jahrhundert v. Chr., die Anfänge liegen aber noch weiter zurück. Die ältesten Masken, aus Ton gebrannt, sind die der Gorgone Medusa – ein Fabelwesen mit Schlangen anstelle von Haaren. Sie stammen aus dem 8. und 7. Jahrhundert v. Chr. und wurden im Tempel der Artemis, Göttin der Jagd, in Sparta gefunden. Natürlich trug niemand diese Masken, sie waren schwer und unbequem. Es handelte sich um Nachbildungen »echter« Masken, die der Göttin als Gabe übergeben wurden. Wissenschaftler haben auf Grundlage von Malereien auf altgriechischen Vasen geschlossen, dass die Maske und die Kleidung an einer Stange befestigt wurden. So hatte man eine temporäre »Statue« der Gottheit, die bei Zeremonien in den Dörfern verwendet wurde.

Die Masken, die Menschen trugen, bestanden aus kurzlebigen Materialien: Holz, Korkeichenrinde, dichtes Leinengewebe, gestärkt oder getränkt mit klebrigem Pflanzensaft, Tierfellen und Menschenhaaren.

Ursprünglich wurden die Masken bei Festen zu Ehren von Göttern und Göttinnen getragen. Mit den Masken tanzten und sangen die Bewohner der griechischen Antike. Aus dem traditionellen Chorgesang entwickelten sich im Laufe der Zeit die ersten Theaterdarstellungen. Die Masken stellten in der Regel Grundtypen von Figuren dar: einen bartlosen Jüngling, einen bärtigen Mann, einen König, eine Frau, einen Gott oder eine Göttin. Es gab auch Masken von Satyrn und anderen komödiantischen Figuren. Auch die Mitglieder des Chores, der Teil jeder Aufführung war, trugen Masken. Leider haben die aus Holz und Stoff gefertigten Masken nicht die Zeit bis heute überdauert. Was sich aber erhalten hat, sind Maskendarstellungen auf Vasen sowie auf Marmor- und Bronzeskulpturen. Die jüngeren Römischen Masken kennen wir auch von Mosaikdarstellungen. Da wäre beispielsweise die Frauenmaske aus dem »Haus des Fauns« in Pompeji, die wir auf dieser Doppelseite sehen.

Wie könnte man sie nur vergessen?!

Das Theater spielte im Leben der Griechen eine wichtige Rolle und entwickelte sich im Laufe der Zeit von einem Ritual zu einer echten Kunst. Die Namen der großen griechischen Dramatiker kennen wir noch heute: Aischylos, Sophokles, Euripides. Ihre Tragödien und Komödien werden noch immer auf den besten Bühnen der Welt aufgeführt.

Großgriechenland

Die meiste Zeit bestand das antike Griechenland im Verlauf seiner Geschichte aus einer Vielzahl von Stadtstaaten. Etwa ab dem 8. Jahrhundert v. Chr. begannen die Bewohner, sich an den Küsten des Mittelmeers und des Schwarzen Meeres niederzulassen. Es waren die Griechen, die das französische Marseille, das türkische Efes, das libysche Benghazi (die Griechen nannten es Esperides) und viele weitere Städte von Russland bis Ägypten, von Spanien bis Georgien gründeten. Und natürlich hatte fast jeder dieser Orte ein Theater. Die Griechen bauten die meisten ihrer Städte in Süditalien und Sizilien. So viele, dass die Region sogar den Namen »Großgriechenland« erhielt. So zum Beispiel Paestum mit seinen gut erhaltenen Tempeln und einem römischen Amphitheater. Es scheint, als ob man auf den Marmorstufen nicht nur das Rauschen des fernen Meeres hören kann und den Klang, der entsteht, wenn der Wind sich in den Zweigen der Olivenbäume verfängt, sondern auch das Echo antiker Schauspieler, wie sie einen Dialog aus »Antigone« vortragen.

Was klingt in diesem Namen nach?

Das Wort »Tragödie« stammt von den griechischen Wörtern »tragos« für Ziege und »ode« für Lied. Das ist ein Hinweis darauf, dass die Tragödie aus Ritualen zu Ehren von Dionysos, dem Gott des Weines, entstanden sein könnte, um den die ziegenbeinigen Satyrn ewig galoppierten. Die griechische Theatertradition und die Masken selbst haben die Römer übernommen. Sie bezeichneten eine Maske durch das Wort »Persona«. Eine Theorie besagt, dass es aus den Wörtern »per sonare« herausgebildet ist, was wörtlich »durch etwas sprechen« bedeutet. Es ist möglich, dass die Masken als eine Art Resonanzkörper dienten, der die Stimme des Schauspielers veränderte und verstärkte.

DIE MASKE DES AFFEN – DAS KYŌGEN-THEATER

JAPAN

TRADITIONELLE JAPANISCHE KULTUR

14. JAHRH. BIS HEUTE

HOLZ

Der kleine Bruder des Nō-Theaters

Kyōgen ist eine Ausprägung des traditionellen japanischen Theaters. Es handelt sich um ein Komödientheater, das amüsante Sketche aus dem Leben der Japaner des Mittelalters zeigt. Kyōgen hat ein eher ungewöhnliches Schicksal. Im 14. Jahrhundert hatte es sich bereits als eigenständiges Genre herausgebildet, verschmolz dann aber allmählich mit dem Nō-Theater. Zwischen den Akten des ernsten Nō wurden lustige Sketche mit unglücklichen Bauern, verräterischen Ehefrauen, stolzen Herren, klugen Dienern und weisen Tieren aufgeführt. In der zweiten Hälfte des 20. Jahrhunderts wandelte sich Kyōgen wiederum zu einem eigenständigen Genre. Heute kann man sich die Nummern entweder in den Pausen von Nō-Stücken anschauen oder aber als für sich stehende Aufführungen. Kyōgen-Schauspieler tragen für gewöhnlich keine Masken, es sei denn, sie spielen Tiere oder Götter, wobei man auch mal auf eine Menschen-Maske treffen kann.

Der nördlichste Affe

Japan ist eine gebirgige Inselkette im Pazifischen Ozean, die sich über mehrere Tausend Kilometer von Norden nach Süden erstreckt. Auf einigen der Inseln kann man im Winter Skifahren, während andere von tropischen Meeren umspült werden. Hier leben sogar Affen! Der Japanische Makake ist der am nördlichsten beheimatete Primat der Welt – den Menschen nicht mitgerechnet. Es handelt sich um einen kleinen Affen mit grauem oder bräunlichem Fell, einem kurzen Schwanz und einem leuchtend roten Gesicht. Eine seltsame Angewohnheit hilft ihnen, im rauen Klima der Berge im Norden Japans zu überleben: Im Winter verbringen sie viel Zeit in heißen Quellen.

Diese Makaken sind hoch entwickelte Lebewesen, die über eine eigene Kommunikationsweise verfügen, in der einige Forscher die Anfänge von Kultur erkennen. Sie rollen zum Beispiel große Schneebälle – nur so zum Spaß. Schneemänner bauen sie allerdings noch nicht.

Warum der Schwanz kurz ist

Früher hatte der Affe einen Schwanz.

Japanmakaken spielen in Legenden und Erzählungen häufig eine wichtige Rolle. Eine von ihnen erklärt, warum sie kurze Schwänze haben. Ein Affe fragte einmal einen Bären, wie er in einem Fluss Fische fangen könne. Der Bär sagte: »Setz dich auf einen Felsen und senke deinen Schwanz ins Wasser. Der Fisch wird an ihm hängen bleiben, und du wirst ihn herausziehen!« Nun war es so, dass es sich im Winter zutrug. Der Affe ging zum Fluss, steckte seinen Schwanz ins Wasser und wartete. Die Nacht brach herein, es wurde noch kälter, und der Fluss war mit Eis bedeckt. »Nun«, dachte der Affe, »jetzt müssen einige Fische am Schwanz sein, den kann ich herausziehen!« Nur war der Schwanz im Eis eingefroren. Der Affe fing an zu reißen, so heftig er konnte, und der Schwanz riss ab. Seitdem haben die japanischen Affen einen kurzen Schwanz und vor Anstrengung ein rotes Gesicht.

Weise Affen

Nichts sehen, nichts hören, nichts sagen

Die berühmten »drei weisen Affen« sind Japanmakaken. Du hast bestimmt schon die drei Affen gesehen, die sich Augen, Ohren und Mund zuhalten. Dieses Motiv wird »sanbiki no saru« genannt und ist in Japan seit dem 10. Jahrhundert bekannt. In der zweiten Hälfte der Muromachi-Zeit (15. Jahrhundert) wurden die Skulpturen der drei Affen in der Nähe von Tempeln religiöser Schulen aufgestellt. Eine Variante ist eine geschnitzte Holztafel, die im 17. Jahrhundert über dem Eingang zum Nikkō Tōshō-gū-Schrein aufgestellt wurde. Die Affen heißen Mizaru, Kikazaru und Iwazaru, was auf Japanisch so viel wie »kann nicht sehen«, »kann nicht hören« und »kann nicht sprechen« bedeutet. Sie sollen den Satz »nichts Böses sehen, nichts Böses hören und nichts Böses sagen« symbolisieren. Diese Weisheit kam wahrscheinlich mit dem Buddhismus vom Festland nach Japan.

DIE MASKEN DES CHAM

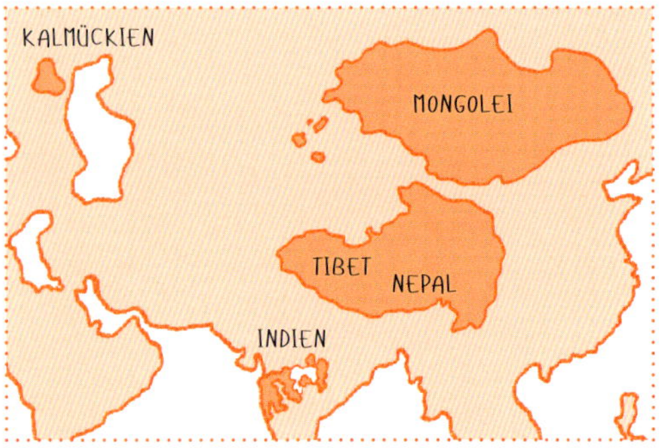

- INDIEN, TIBET, BHUTAN, RUSSLAND
- TIBETISCHER BUDDHISMUS
- 11. JAHRHUNDERT BIS HEUTE
- HOLZ, FARBE, PAPPMACHÉ, YAKFELL

Theater oder Ritual?

Der Cham ist eine religiöse Feier und zugleich ein theatraler, ritueller Tanz. Er wird von den Anhängern des tibetischen Buddhismus praktiziert. In Tibet, Nordindien und Bhutan wird er Cham genannt, in der Mongolei und Burjatien in Russland dagegen Tsam. Obwohl der Tanz einer Theateraufführung ähnelt, hat er eine tiefe religiöse Bedeutung. Das gilt für die religiöse Praxis von Mönchen als auch von Laien gleichermaßen. Denn er ist nicht bloß ein Tanz, sondern wichtiger Bestandteil des Glaubens, weil er den Gläubigen dabei helfen soll, sich nach dem Tod in den Bewusstseinszustand des Bardo zu versetzen, dem Raum zwischen Tod und Wiedergeburt. Wie schon erwähnt, sind viele Theatertraditionen aus religiösen Ritualen hervorgegangen. Daher ist es durchaus denkbar, dass auch der Cham in einigen hundert Jahren seine rituelle Komponente verliert und zu einem reinen Theater wird.

Die Mönchstänzer meditieren lange und stimmen sich auf die vollständige Verschmelzung mit den Gottheiten ein, die sie während der kultischen Aufführung darstellen. Das Publikum nimmt sie als reale Götter wahr, die sich in diesem Augenblick unter den Menschen aufhalten.

Pelden Lhamo

Auf der Doppelseite vor uns liegt die Maske der Göttin Pelden Lhamo. Die Zeichnung ist einer Maske aus einem mongolischen Kloster nachempfunden. Sie hat drei Augen, dunkelblaue Haut und eine Krone aus fünf Totenköpfen. Die menschlichen Körper, die sie in ihrem Mund hält, verweisen womöglich auf einen Mythos, wonach Pelden Lhamo die Frau eines menschenfressenden Dämons aus Sri Lanka war, dem sie aber entkommen konnte. Nach einer anderen Legende, die unter den buddhistischen Völkern Russlands, der Mongolei und Tibets weitverbreitet ist, war sie eine Dämonin aus dem Himalaya. Sie hinderte einen Lehrer namens Padmasambhava daran, tibetisches Gebiet zu betreten. Schließlich wollte dieser, dass alle heidnischen tibetischen Gottheiten, darunter auch Pelden Lhamo selbst, zum Buddhismus konvertierten. Doch nachdem er mit ihr gesprochen hatte, nahm sie freiwillig den Buddhismus an und wurde seine Beschützerin.

Die Welt durch Nasenlöcher sehen

Die Masken waren in der Regel aus Holz oder Pappmaché gefertigt und mit mineralischen oder pflanzlichen Farbpigmenten bemalt, die Haare bestanden aus dem Fell des Yak-Schwanzes. In Indien wurden sie aus Ton und Baumwolle hergestellt. Die Masken waren viel größer als das menschliche Gesicht, manchmal zwei- oder dreimal so groß, sodass die Mönchsdarsteller die Welt durch ihre Nasenlöcher oder Münder betrachteten.

Eine lebendige Tradition

Cham, dieser farbenfrohe Tanz, wird noch heute im Himalaya, in der Mongolei und auch in Burjatien und Tjewa getanzt. In Bhutan beispielsweise achtet die Königliche Akademie für Theaterkunst auf die Einhaltung der Tradition. Der Tanz selbst spielt noch immer eine wichtige Rolle im Alltagsleben vor Ort.

Im Lauf der Jahrhunderte hatten Masken große praktische Bedeutung: Sie haben die Augen vor grellem Licht geschützt, die Haut vor Verletzungen oder vor Krankheiten, oder das Sehen unter Wasser ermöglicht.

Jede der im Buch beschriebenen nützlichen Masken erzählt eine andere Geschichte: wie der Mensch den Ozean bezwang, im Sport nach Rekorden strebte und lernte, wie man Krankheiten heilt. Ballmasken, auch wenn man sie kaum als nützlich bezeichnen kann, haben dabei geholfen, das Gesicht zu verbergen und unerkannt zu bleiben! Aber nicht alles in unserer Geschichte ist rosig. Die Schandmasken gehören zu den traurigen und unwürdigen Seiten der Rechtsgeschichte. Und Gladiatorenmasken – Vorgängerinnen moderner Sportmasken – sind Zeugnis eines gefährlichen und grausamen Zeitvertreibs.

Obwohl Masken dafür geschaffen wurden, spezifische und ganz alltägliche Aufgaben zu bewältigen, hat der Mensch versucht, jeder ein eigenes »Gesicht« zu geben. So ist die Schneebrille mit kunstvollen Ornamenten verziert, manch ein Turnierhelm wurde als wunderliche Hornmaske mit Brille gestaltet und die Masken von Eishockeytorhütern sind häufig mit Bildern von Superhelden gespickt.

Es gibt viel mehr nützliche Masken als in diesem Kapitel beschrieben sind. Zu diesen gehören so unterschiedliche Masken wie Kosmetikprodukte, die die Gesichtshaut pflegen, oder Virtual-Reality-Brillen und -Helme, die wir heutzutage zum Spielen und Lernen verwenden. Hinzu kommt, dass Wissenschaft, Technik und Kunst – also alles, was menschliche Vorstellungskraft erfordert – sich ständig weiterentwickelt. Wer weiß schon, für welche zukünftigen Aufgaben der Mensch Masken erfinden wird?

MASKEN FÜR BÄLLE UND VERKLEIDUNGEN

WESTEUROPA

KULTUR DES SPÄTMITTELALTERS UND DER NEUZEIT

15. JAHRHUNDERT BIS HEUTE

LEDER, GLAS, PORZELLAN, STOFF, GOLD, FEDERN, HALBEDELSTEINE

Schrecklich oder fröhlich?

Die ersten Bälle mit ausgefallenen Kostümen und Masken kamen im venezianischen Karneval des 15. Jahrhunderts und bei prächtigen Festen an französischen und burgundischen Höfen auf. Allerdings, das sollte man wissen, verliefen diese Feste nicht immer glücklich und fröhlich. Ein Maskenball am Hofe des Königs Karl VI. kostete mehreren Angehörigen des Hofes das Leben, und beinahe hätte es den König selbst erwischt. Die aus Stroh und Leinen gefertigten Kostüme gingen in Flammen auf, als sie Fackeln zu nahe kamen. Vier Menschen kamen in den Flammen ums Leben. Diese Episode ging als »Ball der Wilden« in die Geschichte ein, da der König und sein Gefolge als »wildes« Waldvolk verkleidet waren. Noch weniger Glück hatte König Gustav III. von Schweden, der von einem der Gäste eines höfischen Maskenballs ermordet wurde.

Es gab drei Arten von Masken bei Bällen und im Karneval. Die einen waren am Kopf befestigt und verdeckten das gesamte Gesicht, andere nur den oberen Teil, sogenannte Halbmasken. Und dann gab es Masken, die auf einem Holzstab saßen, damit man sie in der Hand halten konnte.

Venedig und seine Masken

In Venedig wurden ab dem 13. Jahrhundert Masken während des Karnevals getragen, in der Regel von Ende Dezember bis Ende Februar. In dieser Zeit konnte sich jeder so kleiden, wie er es wollte, und natürlich auch Masken aufsetzen. Sie waren meist aus Leder, Porzellan oder Glas gefertigt. Die Maskenherstellung war ein eigenständiger Beruf. Eine Zunft der Maskenmacher existierte schon seit 1436! Masken wurden oft für die Darstellung von Figuren der Commedia dell'arte angefertigt: Pantalone, Der Doktor, Arlecchino und Colombine. Auch heute werden Masken aus Glas und Porzellan hergestellt, vergoldet und mit Federn verziert. Immer häufiger bestehen sie jedoch aus Plastik, in Fabriken produziert und nicht von Hand gefertigt. Die traditionellen Masken sind dabei recht einfach gestaltet – schwarz oder weiß, ohne Verzierungen.

Die schweigsame Fremde

Manche Masken bestanden aus einem Stück dicken schwarzen Samt mit Löchern für die Augen. Dazu gehört die Moretta-Maske, die eine ovale Form hat und das Gesicht kaum bedeckt. Auf der Innenseite der Maske war auf Höhe des Mundes eine Perle angenäht, die mit den Zähnen festgehalten werden musste, damit die Maske nicht herunterfiel. Die geheimnisvolle Fremde konnte so natürlich nicht sprechen, was die Person umso geheimnisvoller machte.

Als Baum verkleidet

Ein bemerkenswerter Maskenball fand in der Nacht vom 25. zum 26. Februar 1745 in Versailles statt. Wegen der ungewöhnlichen Kostüme einiger Teilnehmer wurde er »Eibenball« genannt. Der König und acht weitere Männer seines Gefolges waren in Eibenbaum-Kostüme gekleidet. Die »Bäume« waren zudem zu geometrischen Formen zurechtgestutzt. Da die Kostüme gleich aussahen, war es unmöglich, zu erkennen, wer der König war. Nur dass einer der »Bäume« die ganze Nacht mit einer unbekannten jungen Frau in einem Hirtenkostüm tanzte. Offiziell wurde der Ball anlässlich der Hochzeit des Königssohns mit der spanischen Infantin Maria Teresia Rafaela veranstaltet. Der Hauptzweck war jedoch, dass König Ludwig XV. Madame d'Étiolles, geborene Jeanne-Antoinette Poisson, treffen sollte. Ludwig hatte sie bei einem Jagdausflug im Wald von Sénart gesehen und sich sofort verliebt. Sie wurde zur Mätresse des Königs und eine der mächtigsten Frauen in Frankreich und Europa. Als Madame de Pompadour ging sie in die Geschichte ein. Obwohl böse Zungen ihre bescheidene Herkunft und ihren Familiennamen (»poisson« bedeutet auf Französisch Fisch) verspottet haben, war die Marquise eine Mäzenin der Wissenschaft, der Kunst und des Handwerks, eine Unterstützerin der Philosophen, und sie nahm aktiv Einfluss auf die Innen- und Außenpolitik.

Beim Schriftsteller Lermontov heißt es: »Unter der geheimnisvollen, kalten Halbmaske klang deine angenehme Stimme wie aus einem Traum …«. Bei Shakespeare trifft auch Romeo Julia auf einem Maskenball.

SCHANDMASKEN

WESTEUROPA, USA

16.–19. JAHRHUNDERT

GESCHMIEDETES EISEN

Beschämende Seiten der Rechtsgeschichte

Leider ist die Geschichte der Justiz voll von Grausamkeit und Ungerechtigkeit. Jahrhundertelang galt Folter als angemessenes Mittel, um ein Geständnis zu erzwingen, und körperliche Züchtigung wurde häufig eingesetzt, um einen Verbrecher zu »korrigieren«.

Viele verurteilte Häftlinge waren nur deshalb schuldig, weil sie unangepasst oder anders als die anderen waren. Die sogenannte »Schandmaske« konnte einer Person allein dafür aufgesetzt werden, wenn sie öffentlich fluchte oder sich aufmüpfig verhielt. Aus Eisen geschmiedet hatte sie karikierte Züge: große abstehende Ohren, eine hässliche Nase und manchmal einen grinsenden Mund. Mit Metallbändern wurde sie am Kopf befestigt, dazu legte ein Folterknecht dem Opfer ein eisernes Halsband um. Als wäre das nicht genug, wurde den Unglücklichen ein metallischer Knebel von der Innenseite der Maske in den Mund gesteckt. Er hinderte die Träger am Sprechen, wurden sie doch wegen Gotteslästerung oder Klatsch verurteilt. Kaum zu glauben, dass diese öffentliche Bestrafung in den europäischen Staaten bis Mitte des 18. Jahrhunderts und in den USA und Brasilien bis zur Abschaffung der Sklaverei in der zweiten Hälfte des 19. Jahrhunderts üblich war.

Altertümliche Folterinstrumente

Die Macht der Inquisition

Manchmal waren »Schandmasken« Teil der Strafe für diejenigen, die der Hexerei beschuldigt wurden. Die Kirche, insbesondere die katholische Inquisition, spielte eine Rolle bei den berüchtigten Hexenprozessen. Die spanische Inquisition war die berüchtigtste, denn zusammen mit den Portugiesen herrschte sie nicht nur über große Territorien in Europa, sondern auch über gewaltige Kolonialreiche. Sie kam von Lissabon bis Goa und von Kastilien bis Peru zur Anwendung. Die meisten Prozesse der spanischen Inquisition betrafen zunächst zwangsgetaufte Muslime und Juden, die seit jeher auf der iberischen Halbinsel gelebt hatten.

Ohne Schuld schuldig

Ihren Höhepunkt erreichte die Hexenverfolgung im 16. und 17. Jahrhundert. In vielen Ländern brannten Scheiterhaufen, auf denen vollkommen unschuldige Menschen starben – die Mehrheit Frauen. Einige Schätzungen gehen davon aus, dass etwa 50.000 Menschen dem zum Opfer fielen. Die Geständnisse wurden in der Regel durch Folter erzwungen. Besonders häufig und brutal wurden Hexenprozesse im 17. Jahrhundert in Fürstentümern und Königreichen auf dem Gebiet des heutigen Deutschlands geführt.

Die katholische Kirche argwöhnte, dass sie ihre Religion im Geheimen ausübten. Die häufigsten Strafen in Spanien waren jedoch das Tragen eines Kreuzes auf der Kleidung, Verbannung oder die Beschlagnahmung von Eigentum. Exekutionen durch Verbrennen waren vergleichsweise selten.

Offiziell erkannte die katholische Kirche die Existenz von Hexen nicht an. Es gab dennoch einzelne Mitglieder des Klerus, die argumentierten, dass sie existierten und die Kirche daher das Recht habe, sie zu verfolgen.

Einer der berühmtesten Prozesse fand aber in Amerika statt. In der Stadt Salem standen 1692 und 1693 über zweihundert Personen auf Grundlage falscher Beschuldigungen vor Gericht, 30 von ihnen wurden für schuldig befunden und 19 hingerichtet.

SCHNEEMASKEN

ARKTIS

15.–19. JAHRHUNDERT

HOLZ, WALROSSSTOSSZAHN, WALKNOCHEN, PERLEN

Brillen ohne Gläser

Vielleicht ist nicht jeder damit einverstanden, dass wir eine Maske vor uns haben. Aber Schneebrillen, ähnlich wie Masken, verdecken einen großen Teil des Gesichts, und die Personen, die sie tragen, sind schwer zu erkennen. Nicht umsonst werden auch Sonnenbrillen oft zur Tarnung verwendet! Schneebrillen sind das älteste Mittel, um die Augen vor dem grellen Licht der Sonne zu schützen. Sie tauchten nicht unter der Sonne Afrikas auf, sondern in einer der kältesten Regionen des Planeten – im arktischen Norden. Ähnliche Brillen sind auch bei vielen Völkern in Sibirien, dem nördlichen Teil des Fernen Ostens und Alaska bekannt. Diese Regionen sind die meiste Zeit des Jahres von Schnee bedeckt. Das von ihm reflektierte Sonnenlicht wird unerträglich hell, was zu einem teilweisen Verlust des Sehvermögens führen kann: die Schneeblindheit. So grell wird das Sonnenlicht in nördlichen Regionen vor allem im Frühling, also trägt man Schneebrillen meist von März bis Juni.

Schutzbrillen waren in den weiten Schneelandschaften, aber auch auf dem Wasser unentbehrlich, da die Inuit hauptsächlich auf dem Meer jagen. Nicht umsonst werden sie arktische Seejäger genannt. In einigen Fällen konnte die Schneebrille als Visier verwendet werden, um das Gesicht eines Kriegers zu schützen. Später wurde die Brille manchmal Teil einer Kopfbedeckung, wie diese moderne jakutische Schneebrille, die mit einer Kapuze aus Rentierfell verbunden und mit Perlen bestickt ist.

Jedem eine eigene Brille

Es ist wahrscheinlich, dass die Schneeschutzbrillen individuell gestaltet waren. Die Trägerinnen und Träger bekamen individuelle Brillen geschnitzt, wobei die Gesichtsgröße und -form berücksichtigt wurden. Viele waren mit Ornamenten verziert, zum Beispiel mit symmetrisch angeordneten Löchern und eingravierten Mustern aus geschwungenen Dreiecken und Punkten. Man könnte meinen, der urzeitliche Schnitzer wollte eine Karte des Sternenhimmels auf den Brillen abbilden. Aber welche Bedeutung hatten diese Zeichnungen für die Brillenträger wirklich? Das wissen wir leider nicht.

Die antiken Inuit aus Ekven

Fast alle erhaltenen antiken Maskenbrillen sind aus Knochen – so auch die Brillen, die in der antiken Grabstätte Ekven in Tschukotka gefunden wurden. Die ist etwa zweitausend Jahre alt. Die Gläser wurden aus Walrossstoßzähnen und -knochen hergestellt, in einigen Teilen der Arktis bestanden sie dagegen aus Mammutknochen. Natürlich lebten Mammuts nicht zur gleichen Zeit wie die alten Inuit, allerdings sind ihre Knochen und oft ganze Kadaver im Permafrostboden bis heute sehr gut erhalten geblieben. Die Menschen fanden Mammutstoßzähne und nutzten dieses wertvolle Material zur Herstellung verschiedener Gegenstände, darunter eben auch Schneebrillen. Häufiger bestanden sie jedoch aus Walrossknochen. Die Walrossfischerei diente den Inuit aus Ekven nicht nur als Quelle für Nahrung, sie nutzten auch ihre Häute und Knochen. In den Gebieten, in denen die antiken arktischen Seejäger lebten, gab es keine Wälder. Die erlegten Meerestiere dienten als Baumaterial – aus Walknochen bauten sie Behausungen und als Verkehrsmittel mit Walrosshaut bespannten sie Boote.

Die Brillen wurden aus Walrossstoßzähnen, Walknochen, Holz, Birkenrinde und später aus Metall hergestellt. Die Völker des hohen Nordens kannten kein Glas, und das Sonnenlicht wurde durch einen sehr schmalen Schlitz in der Maske aufgehalten, wodurch der Lichteinfall in die Augen verringert wurde.

DIE MASKE DES PESTDOKTORS

WESTEUROPA

SPÄTES MITTELALTER UND FRÜHE NEUZEIT

SAFFIANLEDER, GLAS, MISCHUNG AUS KRÄUTERN UND AROMASTOFFEN

Und was für ein Aroma!

Diese Maske war Teil der Kleidung des Pestdoktors. Die Ärzte trugen sie, um nicht von ihren Patienten angesteckt zu werden, und sie sind seit dem 17. Jahrhundert bekannt. Es wird angenommen, dass Charles de Lorme, ein französischer Arzt, sie entwickelt hat. Er war Hofarzt der Medici und von drei französischen Königen: Heinrich IV., Ludwig XIII. und Ludwig XIV. Die Kleidung des Pestdoktors bestand aus einer Maske, einem Lederhut, einem Mantel, Handschuhen und einem Stock, mit dem er die Kranken umdrehte, ohne sie zu berühren.

Der Schnabel der Maske war mit einer Mischung duftender Blumen und Kräuter gefüllt: Rosen, Nelken, Lavendel und Pfefferminze. Häufig wurden Wacholderbeeren, Gewürze wie Nelken, Ambra (sie bildet sich im Darm von Pottwalen und war früher in der Parfümerie weitverbreitet) und andere aromatische Stoffe hinzugefügt. Manchmal kam ein in Essig getränkter Schwamm dazu.

Damals kannte die Wissenschaft noch keine Bakterien und Viren, und man glaubte, dass Miasmen – übelriechende Dämpfe – Infektionskrankheiten verbreiteten. Um den Arzt davor zu schützen, wurde die Maske mit all diesen duftenden Stoffen gefüllt. Der »Schnabel« hatte zwei kleine Löcher, durch die Luft eindringen konnte. Man könnte ihn sogar als einen Vorläufer von Atemschutzgeräten bezeichnen. Die Augen wurden durch Glaseinsätze in der Maske geschützt. Der Schnabel und die Maske selbst bestanden aus Saffianleder, einem besonders gegerbten und gefärbten Ziegenleder. In Westeuropa nannte man dieses Material »marokkanisches Leder«, da es von Kaufleuten aus Marokko kam. Dorthin wurde wiederum die Tierhaut einer seltenen Ziegenrasse aus Guinea, Sudan und Nigeria verschifft.

Ein Arzt kommt mit schlechten Nachrichten

Obwohl die Maske heute Symbol für die Pest ist, tauchte sie viel später als die verheerende Epidemie von 1347 und 1348 auf. Sie kam erst im 17. und 18. Jahrhundert während der Ausbrüche der Pest in Marseille, Rom und Neapel zum Einsatz. Wegen ihrer unheimlichen Anmutung und weil der Pestarzt oftmals die letzte Person war, die ein Patient zu sehen bekam, wurde die Maske mit der Zeit zum Vorboten des Todes. Natürlich traf die Ärzte keine Schuld. Sie konnten damals kaum helfen, außer ihren Patienten duftende Kräuter, Blutegel und Aderlässe anzubieten.

Der Pestdoktor auf der Bühne und im Karneval

Die langnasige und bebrillte Maske hat auch in der Commedia dell'arte ihren Auftritt. Nämlich bei der Nebenfigur, Il Medico della Peste, was aus dem Italienischen übersetzt so viel wie »Pestdoktor« bedeutet. Von hieraus fand sie schließlich auch ihren Weg in den berühmten venezianischen Karneval. Allerdings ist die Karnevalsmaske weiß und der »Schnabel« leer. Manche glauben sogar, dass die Maske vom Theater zu den Ärzten kam, und nicht umgekehrt.

Blutegel eilen zur Hilfe.

Dank Miasmen auf Abstand

Die wahre Ursache der Pest, das Pestbakterium, wurde erst 1894 von Wissenschaftlern des Pasteur-Instituts entdeckt, als diese einen Ausbruch der Krankheit in Hongkong untersuchten. Die Pest wird durch Flöhe übertragen, die im Fell von Ratten leben, aber auch auf den Menschen übergehen können. Erst mit dem Aufkommen von Antibiotika in den späten 1940er Jahren konnte die Krankheit erfolgreich behandelt werden. Bis dahin hatte die Beulenpest zahllose Menschenleben gefordert. Schätzungen zufolge hat der »Schwarze Tod« im 14. Jahrhundert bis zu einem Drittel der gesamten europäischen Bevölkerung ausgerottet. Obwohl sich die Miasma-Theorie als falsch herausstellte, trug das Kostüm des Pestdoktors dazu bei, den Kontakt mit Bakterien zu verringern. Sie war also nicht völlig nutzlos.

Flöhe tragen das Pestbakterium.

DER MASKEN-HELM VON HEINRICH VIII.

WESTEUROPA

DAS SPÄTE MITTELALTER

16. JAHRHUNDERT

EISEN, KUPFERLEGIERUNG, MÖGLICHERWEISE VERGOLDET

Ein ungewöhnliches Geschenk

Im 16. Jahrhundert kamen verzierte Masken-Helme in Mode. Sie wurden in ganz Europa hergestellt. Diesen »gehörnten« Helm schenkte 1511 der römisch-deutsche Kaiser Maximilian I. dem König von England Heinrich VIII. Der Helm war Teil einer ganzen Prunkrüstung, die leider nicht erhalten geblieben ist. Die Kuratoren der königlichen Waffenkammer, in der der Helm heute aufbewahrt wird, gehen davon aus, dass die Rüstung während des englischen Bürgerkriegs verschrottet und eingeschmolzen wurde. Der Helm blieb wohl wegen seines ungewöhnlichen Aussehens verschont. Die Gelehrten streiten sich noch immer darüber, was die Hörner und die Brillen auf der Maske bedeuten. Jüngste Untersuchungen haben ergeben, dass die Brille nie Gläser hatte. Vielleicht sind die Hörner und die Brille Symbole für Aufschneiderei. Aber warum sollte der Kaiser dem König einen Helm mit einer solch zweideutigen Anspielung schenken?

Die Gelehrten streiten über die Bedeutung von Brille und Hörnern.

Helme dieser Art wurden in der Regel bei Ritterturnieren aufgesetzt, also Adelswettbewerben in Geschicklichkeit, Waffenführung und Reiten. Die Ursprünge dieser Tradition lassen sich bis zu den militärischen Wettkämpfen der alten Germanen zurückverfolgen, obwohl einige Gelehrte glauben, dass die Turniere auf die sportlichen Wettkämpfe der römischen Reiter zurückgehen. In ihrer klassischen Form haben die Turniere ihren Ursprung in der Blütezeit des Rittertums in Frankreich.

Krieg und Dichtung

Mit den Turnieren verbreitete sich auch der Kult um die schöne Dame, der die Ritter ihre Siege widmeten. In Südfrankreich waren viele Ritter zwischen dem 11. und 13. Jahrhundert auch für ihre Dichtkunst berühmt. Sie schrieben Balladen und Musik – einer davon war der Herzog von Aquitanien Wilhelm IX. Für seine Werke wurde er mit dem Beinamen Wilhelm der Troubadour bedacht.

Ein tödlicher Sport

Turniere waren ein gefährlicher Zeitvertreib. Obwohl mit der Zeit spezielle Turnierwaffen zum Einsatz kamen, stumpf und oft aus Holz, wurden Ritter schwer verletzt und sogar getötet. Und zwar nicht nur gewöhnliche Ritter, sondern auch Könige. So wurde König Heinrich II. von Frankreich durch Splitter einer hölzernen Lanze am Kopf und am Auge verwundet und starb qualvoll zehn Tage nach einem prächtigen Turnier, das er selbst anlässlich der Hochzeit seiner Tochter veranstaltet hatte. König Heinrich VIII. von England, dem unser Helm gehörte, war auch ein großer Liebhaber von Turnieren und trug einige Verletzungen davon.

Was haben Turniere damit zu tun?

Heinrich VIII. regierte lange Zeit und ist zudem bekannt dafür, dass er sechsmal verheiratet war. Er ließ zwei seiner Ehefrauen – Anne Boleyn und Catherine Howard – wegen angeblichen Ehebruchs hinrichten. Eine Legende besagt, dass Heinrich, während er in Anne Boleyn verliebt war und ihr den Hof machte, den Text für die Ballade »Greensleeves« schrieb, eine der berühmtesten Melodien Englands. Es gibt auch die (wahrscheinlich falsche) These, dass der Monarch mit zunehmendem Alter an den Folgen zahlreicher Hirnverletzungen litt, die er bei Turnieren davongetragen hatte. Und manche vermuten, dass dies der Grund für sein Misstrauen und seine Grausamkeit war.

SPORTMASKEN

USA UND KANADA,
HEUTE IN DER GANZEN WELT

1959 BIS HEUTE

FIBERGLAS

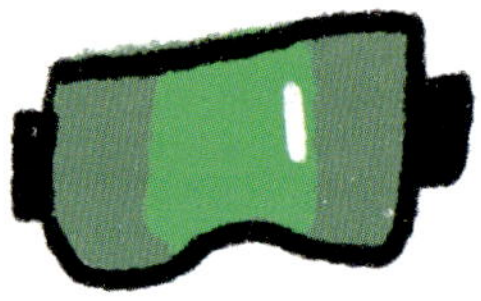

Schütze dich selbst

Ein Hauptzweck praktischer Masken ist der Schutz vor Stößen, Kälte, grellem Licht, Wind oder Wasser. Deshalb gehören Masken auch häufig zur Sportausrüstung. Oder könnt ihr euch vorstellen, dass sich ein Skifahrer oder Snowboarder ohne Skibrille und Helm mit 90 km/h einen 3.000 Meter hohen Berg hinunterstürzt? Er oder sie könnte sich schnell Augenverletzungen durch Eis oder Erfrierungen zuziehen, oder aber vom grellen Sonnenlicht geblendet auf der Piste die Kontrolle verlieren. Sportmasken und Helme schützen aber nicht nur vor den Elementen, sondern auch vor Stößen. Da wären zum Beispiel die Feldspieler im Eishockey. Sie tragen Helme mit durchsichtigen Visieren oder Gittern, um Gesicht und Zähne zu schützen. Der Torwart muss einen besonderen Schutz tragen, da ihn der schnell fliegende Puck am meisten gefährdet. Dabei gab es vor ein paar Jahrzehnten noch keine Torwartmasken! Hin und wieder setzte man Fecht- oder dicke Ledermasken ein, um verletzte Spieler zu schützen, aber wirkliche Torwartmasken waren in weiter Ferne.

Die erste professionelle Maske hat der Kanadier Jacques Plante erfunden. Er trug sie 1959 als Torwart der »Montreal Canadiens«. Sie wurde aus Fiberglas hergestellt und war an die Gesichtsform angepasst.

Jacques trug die Maske zunächst nur im Training, da der Trainer fürchtete, sie würde die Sicht des Torwarts auf das Spielfeld beeinträchtigen. Der Coach verbot ihm daher, mit ihr zu spielen. Eines Tages aber, während eines Spiels gegen die New York Rangers, traf der Puck Jacques im Gesicht, und er weigerte sich danach entschlossen, ohne Maske auf das Spielfeld zu gehen. Seitdem hat Jacques die Maske nicht mehr abgenommen. Nach und nach ist sie zum festen Teil der Torwartausrüstung geworden. Heute sehen Masken etwas anders aus als die, die Jacques Plante entworfen hat. Es handelt sich um eine leichte, aber sehr robuste Konstruktion mit einem Metallgitter, das mit dem Helm verbunden ist, und einem speziellen Kunststoffschutz für den unteren Teil des Gesichts und Halses.

Wappen oder Totem

Einige Torhüter verzieren ihre Masken und Helme mit Bildern, die eine persönliche Bedeutung haben. Zum Beispiel Bilder von Tieren, Fantasiewesen, Computerspielfiguren und sogar Figuren aus der Zeichentrickserie ›Die Simpsons‹! Diese Tradition geht auf einen der Torhüter der Boston Bruins zurück. Er zeichnete auf seinem Helm an den Stellen Narben auf, wo der Puck ihn getroffen hatte.

Ist das Sport?

Man kann den Gladiatorenhelm als Prototyp eines Sporthelms bezeichnen. Wie ein jeder Militärhelm diente er dem Schutz von Gesicht und Kopf. Der Gladiatorenhelm wurde jedoch nicht im Kampf eingesetzt, sondern bei spektakulären Wettkämpfen, deren Ziel es war, Kraft und Geschicklichkeit unter Beweis zu stellen und das Publikum zu begeistern. Im Gegensatz zu den Olympischen Spielen der Antike, an denen freie Menschen teilnahmen, konnte man Gladiatorenkämpfe kaum mit dem edlen Wort »Sport« bezeichnen. Oft betraten Sklaven die Arena, und der Tod war kein Unfall, sondern ein bewusstes und erwartetes Ende dieses brutalen Spektakels.

Jason der Schreckliche

In dem berühmten Horrorfilm ›Freitag der 13.‹ aus den frühen Achtzigern trug der Bösewicht Jason Voorhees eine Torwartmaske. In seinem Fall hatte sie jedoch keine schützende Funktion, sondern verdeckte ein durch Krankheit entstelltes Gesicht und verlieh ihm ein noch einschüchternderes Aussehen. Jasons Torwartmaske zog schließlich in die Pop-Kultur ein, ist heute eine beliebte Halloween-Verkleidung und kursiert als Meme im Internet.

MASKEN FÜRS UNTERWASSERSCHWIMMEN

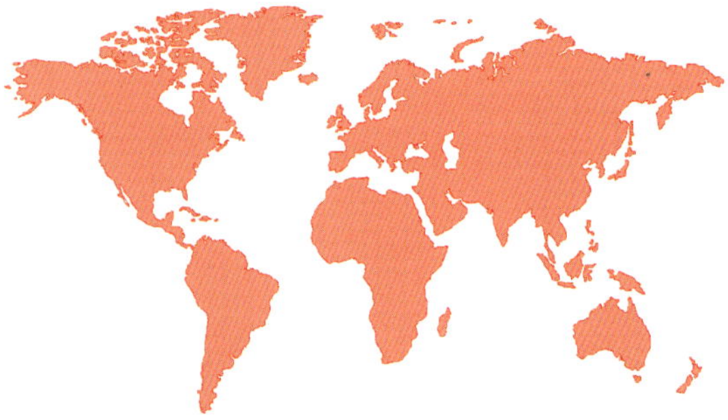

PERSIEN, PERU,
POLYNESIEN
HEUTE DIE GANZE WELT

2. JAHRHUNDERT BIS HEUTE

LEDER, SCHILDKRÖTENPANZER,
HEUTE KUNSTSTOFF,
GLAS, HARZ

Ausgezeichnete Taucher

Ehrlich gesagt wollte ich diese Doppelseite eigentlich »Aqua Lung« nennen. Allerdings ist eine Aqua Lung eigentlich keine Maske. Es handelt sich um ein Gerät, mit dem eine Person unter Wasser atmen kann. Eine Maske ist aber unverzichtbarer Bestandteil eines solchen Geräts. Ohne sie kann man unter Wasser zwar atmen, aber nicht gut sehen. Wobei einige Taucher außergewöhnliche Fähigkeiten entwickelt haben und nicht nur lange Zeit die Luft anhalten, sondern auch sehr gut unter Wasser sehen konnten. Die Schwammtaucher im antiken Griechenland konnten zum Beispiel fünf Minuten lang die Luft anhalten. Um schneller zum Grund zu sinken, haben sie ein spezielles Gewicht benutzt – ein Skandalopetra (von griechisch πετρα, »Stein«). Es handelte sich in der Regel um einen abgerundeten Granit- oder Marmorstein mit einem Gewicht von etwa 10 kg. Diese Steine waren die einzige Ausrüstung der antiken Taucher. Sie trugen weder Helme noch Schutzbrillen! Man nimmt an, dass die Griechen zwar Schnorchel kannten, diese aber nicht benutzten, um nach Korallen und Schwämmen zu tauchen. Eine Legende handelt davon, dass ein junger Mann, der sich unter Wasser versteckte, um die Taue feindlicher persischer Schiffe zu kappen, durch ein hohles Schilfrohr atmete. Eine der ältesten Darstellungen eines Tauchers ist ein berühmtes Fresko aus der griechischen Kolonie Paestum in Süditalien. Sie ist etwa 2.500 Jahre alt.

Und doch gab es sie

Robert Marks beschreibt in seinem Buch über die Geschichte der Unterwasserforschung eine peruanische Vase aus dem 2. Jahrhundert nach Christus. Sie befindet sich in der Sammlung des American Museum of Natural History in New York, und auf ihr ist möglicherweise ein Taucher mit Taucherbrille und zwei Fischen in den Händen abgebildet. Im 13. und 14. Jahrhundert benutzten Perlentaucher in den Gewässern des Persischen Golfs Brillen mit Gläsern aus einem dünn geschliffenen, fast durchsichtigen Schildkrötenpanzer.

Und warum braucht man die Maske?

Tatsache ist, dass unsere Augen für den Kontakt mit Luft und nicht mit Wasser ausgelegt sind – vor allem nicht mit Salzwasser. Wenn das menschliche Auge mit Wasser in Berührung kommt, wird das Licht in einem anderen Winkel gebrochen. Das Auge kann es nicht auf der Netzhaut bündeln, und das Bild wird stark verzerrt. Die Luftblase in der Maske hilft, dies zu verhindern, allerdings nicht vollständig. Die Maske lässt Objekte größer und näher erscheinen, als sie tatsächlich sind – um fast ein Viertel! Moderne Masken sind aus leichtem, transparentem Kunststoff gefertigt. Sie können das gesamte Gesicht bedecken, wenn es sich um einen professionellen Taucheranzug mit Sauerstoffflaschen handelt, oder nur den oberen Teil des Gesichts mit Augen und Nase. Durch allmähliches Ausatmen durch die Nase lässt sich der Druck in der Maske so einstellen, dass sie beim Tauchen nicht zu sehr auf das Gesicht drückt. Die Brille schützt lediglich die Augen.

Die Wasserlunge

Übrigens: »Aqua Lung« (übersetzt »Wasserlunge«) ist eine Marke, und eigentlich sollten nur Aqua Lung Produkte als solche bezeichnet werden. Mitunter wird dieses Wort aber als Synonym (der Fachbegriff ist Deonym) für alle leichten Unterwasseratemgeräte verwendet. Ähnlich wie Tempo für Papiertaschentücher, Labello für Lippenpflegestifte oder Tesa für Klebeband. Das Design hat der berühmte französische Meeresforscher Jacques-Yves Cousteau zusammen mit seinem Freund, dem Ingenieur Émile Gagnan, im Jahr 1943 erfunden.

MEDIZINISCHE MASKEN

DIE GANZE WELT

5. JAHRHUNDERT BIS HEUTE

OCHSENBLASEN, BAUMWOLLE ODER LEINENSTOFF, POLYMERE-MATERIALIEN

Etwas zur Geschichte

Masken zum Schutz der Gesundheit sind seit dem Altertum bekannt. So empfahl der römische Historiker Plinius der Ältere den Bergleuten in Bleiminen, über ihre Gesichter Ochsenblasen zu spannen, um zu verhindern, dass giftiger Staub in den Körper gelangte. Bereits im 5. Jahrhundert v. Chr. dienten im alten Indien Stoffmasken dazu, das versehentliche Einatmen von kleinen Insekten zu verhindern. Ihr Zweck war es aber nicht, Menschen zu schützen, sondern die Mücken zu retten. Die Anhänger des Jainismus sollen gemäß ihrer Religion nicht einmal aus Versehen Lebewesen verletzen.

Die modernen medizinischen Masken kamen im 19. Jahrhundert auf, nachdem Wissenschaftler und Ärzte entdeckt hatten, dass viele Krankheiten nicht durch schädliche Dämpfe, sondern durch winzige krankmachende Bakterien und Viren verursacht werden.

Antoni van Leeuwenhoek entwickelte im 17. Jahrhundert ein Mikroskop, mit dessen Hilfe er schon 1683 Bakterien beschrieb. Den Zusammenhang zwischen den beobachteten Organismen und Krankheiten stellten Louis Pasteur und Robert Koch erst Ende des 19. Jahrhunderts bei Experimenten her. In der Medizin, insbesondere in der Chirurgie, wurden weitere Hygienemaßnahmen eingeführt, um zu verhindern, dass Speichel, Blut und andere Körperflüssigkeiten vom Arzt zum Patienten und umgekehrt gelangten. So verringert man das Infektionsrisiko für beide Seiten.

Die erste medizinische Maske, 1897 eingeführt, bestand aus einem Stück Gaze, das mit zwei Schnüren an einer Chirurgenhaube befestigt war und über Gesicht und Kinn gezogen wurde. In der Medizin sind solche Tuchmasken heute fast vollständig durch wirksamere Masken aus mehrschichtigen Polymer- und Vliesmaterialien ersetzt worden.

Verantwortung für sich und die Nächsten

Während der COVID-19-Pandemie wurde das Tragen von Masken in vielen Ländern der Welt zur Pflicht. Diese Regel wurde allerdings oft vernachlässigt – zu Unrecht. Studien zeigen, dass Masken das Risiko einer Ansteckung bei Trägern und Personen in der Umgebung erheblich verringern. Es ist daher wichtig, dass so viele Menschen wie möglich sie aufsetzen.

Rette mich vor Rauch

In Ost- und Südostasien werden aufgrund der großen Luftverschmutzung auch ohne Epidemien häufig Atemschutzmasken getragen. Besonders während der Trockenzeit von Juli bis Oktober müssen sich in einigen Regionen die Menschen vor Smog schützen. Kohlekraftwerke und andere schmutzige Industrien – wie in China – oder Waldbrände – wie in Malaysia und Indonesien – können diesen verursachen. Um Platz für Palmölplantagen zu schaffen, werden große Flächen einzigartigen Regenwaldes abgeholzt und gerodet. Dort können Dutzende von Orchideenarten an nur einem Berghang wachsen, und einige sind nirgendwo sonst zu finden. Es ist auch die Heimat unserer nächsten Verwandten, der Orang-Utans.

Beim Besuch von Nationalparks in Afrika, in denen sowohl Berg- als auch Flachlandgorillas leben, sollten Besucher immer eine Atemschutzmaske tragen. So beugt man vor, dass Krankheiten von Menschen auf Affen übergehen. Und umgekehrt natürlich auch!

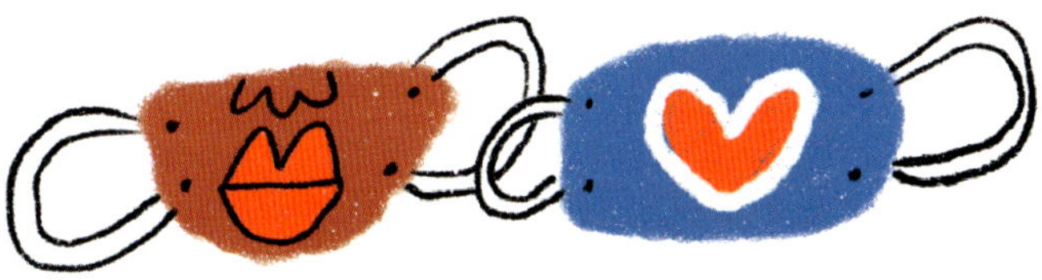

Sprechende Masken

Wegen der Pandemie sind die Menschen veranlasst, jeden Tag Masken zu tragen. Wie jedes andere Kleidungsstück können sie viel über den Charakter einer Person aussagen. Über ihre Vorlieben, Interessen, Hobbys, politischen Einstellungen oder sportlichen Leidenschaften. So trifft man auf Straßen, auf öffentlichen Plätzen und in öffentlichen Verkehrsmitteln auf Masken mit unterschiedlichsten Symbolen: von Ländern, Fußballmannschaften, Banken, Bekleidungsmarken, Slogans, Kätzchen, Reproduktionen von impressionistischen Gemälden und den Gemälden alter Meister – alles, was denkbar ist! So sind Masken Teil eines neuen »Zeichensystems« geworden, das es den Menschen ermöglicht, sich selbst auszudrücken und ihre Umgebung auf sich aufmerksam zu machen.

WO MAN SICH MASKEN ANSCHAUEN KANN

Über Masken sollte man nicht nur lesen, man sollte sie sich auch anschauen. Wer nicht gerade nach Amazonien reist oder demnächst zu einem Maskenball eingeladen ist, kann natürlich in ein Museum gehen! So sind beispielsweise die Masken des Shu-Königreichs im Sanxingdui Museum in Guanghan in China ausgestellt. Die Helmmaske Heinrichs VIII. befindet sich im Royal Armouries Museum in London und eine Mahongwe-Maske im Museum Barbier-Mueller in Genf. Die Masken des antiken Theaters sind kaum erhalten geblieben, aber Kopien aus Stein und Abbildungen auf Mosaiken sind zum Beispiel im Archäologischen Nationalmuseum in Neapel zu sehen. Obby Oss sollte man hingegen am besten in Aktion bestaunen. Zum Frühlingsfest am 1. Mai muss man dafür nach Padstow reisen. Eine seltene Schamanenmaske der Udehe – aus Moschustierleder und mit Spinnen verziert – ist im Russischen Museum für Völkerkunde in St. Petersburg zu bewundern.

Hier sind einige großartige Museen, über die man zweifellos einiges mehr schreiben könnte.

»Kunstkammer« – Ethnografisches und Anthropologisches Museum in Sankt Petersburg

Die Kunstkammer ist das erste Museum in Russland. Hier wird seit 300 Jahren die größte ethnografische Sammlung des Landes zusammengetragen! Diese enthält fast tausend Masken und sogenannte Maskoide, kleine dreidimensionale Darstellungen von Masken. Die Masken stammen aus Afrika, Nord- und Südamerika, Ozeanien, Sibirien, Ost- und Südostasien – von fast überall! Hier kann man unter anderem eine Schneebrille, eine Cham-Maske oder eine Maske in Form eines Bärenkopfes sehen.

Staatliches Museum für Orientalische Kunst in Moskau

Das Museum verfügt über eine der besten Sammlungen traditioneller orientalischer Kunst. Zu ihr gehören Exponate aus Sibirien und Zentralasien ebenso wie aus Indonesien und Japan. In den kühlen Sälen liegen seltene Masken aus Java und Bali, aus der Mongolei und von den Ufern der Beringstraße. Ebenso kann man hier Masken des japanischen Nō- und Kyogen-Theaters bewundern.

Musée du quai Branly in Paris

Dies ist eines der faszinierendsten ethno- und anthropologischen Museen der Welt. Es befindet sich am Ufer der Seine, von der es durch eine schalldichte Glaswand getrennt ist. Das Museum selbst ist von einem grünen Garten mit Eichen, Magnolien und Kirschbäumen umgeben. Im Sommer kann man sich hier Vorträge anhören, ein Musikfestival besuchen oder einfach nur eine Tasse Kaffee trinken, während die Blätter im Wind rascheln. Es gilt als Meisterwerk moderner Architektur und beherbergt mehr als 300.000 Exponate, die den Reichtum und die Vielfalt der Kulturen Afrikas, Asiens, Ozeaniens, Nord- und Südamerikas repräsentieren. Und natürlich gehören viele großartige Masken dazu.

British Museum in London

Hier eröffnet sich ein wahrer Maskenschatz. Dazu gehören mystische und geheimnisvolle Masken aus Afrika, außergewöhnliche Masken der Azteken (darunter die von Xiuhtecuhtli), farbenfrohe nordamerikanische Masken und viele andere aus aller Welt. Die Masken werden nicht isoliert ausgestellt, sondern sind Teil der Ausstellung zur Geschichte und Kultur des jeweiligen Volkes. Man kann einfach die Themen und Räume ansteuern, die einen am meisten interessieren, und die Masken werden dich von alleine finden.

Archäologisches Nationalmuseum in Athen

Es gibt hier ganz und gar nicht viele Masken, aber eine allein ist es schon wert, hierherzukommen – wenn denn einem eine einzigartige Sammlung antiker griechischer Kunst nicht genug ist. Denn hier ist die Maske des Agamemnon zu bestaunen, jene goldene Grabmaske, die von Heinrich Schliemann (dem Ausgräber von Troja) in Mykene gefunden wurde. Wer schon lange die Mona Lisa der Antike sehen will, für den ist das der richtige Ort.

National Museum of the American Indian in Washington D.C.

Dies ist eines der wenigen Museen der Welt, die ausschließlich der Kultur der amerikanischen indigenen Bevölkerung gewidmet sind. Hier erfährt man vieles über Artefakte der amerikanischen indigenen Völker: Kostüme, Schmuck, Waffen, Alltagsgegenstände und natürlich auch Masken. Von diesen liegen hier über zweitausend aus. Natürlich können nicht alle Masken besichtigt werden, da der größte Teil der Sammlung eingelagert ist, aber alle sind digitalisiert. Also muss man nicht nach Washington D.C. reisen, um sie zu sehen – es genügt, die Website des Museums aufzurufen. Aber wer in der Stadt ist, sollte das Museum selbst besuchen. Ein solches Eintauchen in die Kultur der indigenen Völker Amerikas ist nirgendwo sonst möglich. Außerdem gibt es einen Garten mit Pflanzen, die von den Indigenen Amerikas kultiviert wurden, und ein Café, in dem du traditionelle indianische Gerichte probieren kannst.

DANKSAGUNG

Dieses Buch wäre ohne meinen Freund Dima Burenko nicht möglich gewesen. Er war es, der die Idee hatte, ein populärwissenschaftliches Buch für Kinder und Jugendliche über Masken zu schreiben. Dima half mir bei der Auswahl der Masken, der Materialrecherche und war der erste Leser meiner Texte. Durch unsere Debatten und Diskussionen entstanden vielleicht die interessantesten Kapitel. Ich möchte mich auch ganz herzlich bei meiner Lektorin und Kinderbuchautorin Zhenya Günther bedanken, die an mich geglaubt hat. Zhenyas Talent, Professionalität und Geduld haben dazu beigetragen, meinen ›Stream of Consciousness readable‹ zu machen, wie die Engländer sagen würden. Ich bin auch Aliona Udalenkova dankbar, die zu einem Großteil mit den Wissenschaftlerinnen und Museumskuratorinnen zusammengearbeitet hat, die sich bereit erklärt haben, als wissenschaftliche Prüfer für dieses Buch zu fungieren. Mein besonderer Dank gilt diesen kritischen Lesern selbst, die mit ihren Korrekturen, Empfehlungen (und manchmal ganzen Absätzen interessanter Texte) das Buch zu einem wissenschaftlich wirklich fundierten Werk gemacht haben – so wie es ein gutes populärwissenschaftliches Buch auch sein sollte. Bitte scheue nicht die Mühe, die Seite »Wissenschaftliche Prüfer« zu lesen, um diese wunderbaren Menschen besser kennenzulernen! Ein großes Dankeschön möchte ich auch der großartigen Künstlerin Alisa Yufa aussprechen, die dieses Buch illustriert und es so hell und ansprechend gestaltet hat, dass man es auf den ersten Blick aus dem Bücherregal ziehen möchte. Mein Dank gilt auch den Dozentinnen und Dozenten der Fakultät für Archäologie und Anthropologie der Universität Bristol, insbesondere meiner Betreuerin Dr. Fiona Jordan. Diese Menschen trugen dazu bei, mein Interesse für Anthropologie zu wecken und zu entwickeln, und in Bristol begann ich mit meinen Forschungen zu Masken und Maskierungspraktiken. Und natürlich möchte ich mich bei meiner Familie, meinen Freunden und allen bedanken, die an mich geglaubt und mich unterstützt haben!

WISSENSCHAFTLICHE PRÜFER

Die Maske des Udeheischen Schamanen
Vladimir Podmaskin, leitender Wissenschaftler am Zentrum für Kulturgeschichte und interkultureller Kommunikation des Instituts für Geschichte, Archäologie und Ethnografie der Völker des Fernen Ostens FEB RAS (IIAE FEB RAS), Doktor der Geschichte.
Andrey Samar, Forscher in der Abteilung für Ethnografie, Ethnologie und Anthropologie des Instituts für Geschichte, Archäologie und Ethnografie der Völker des Fernen Ostens FEB RAS (IIAE FEB RAS).
Oksana Zvidennaya, Doktorandin am Institut für Ethnologie und Anthropologie der Russischen Akademie der Wissenschaften (IEA RAS).

Die Maske des Bären
Denis Vorobyov, Forscher in der amerikanischen Abteilung des Miklukho-Maklai-Instituts für Ethnologie und Anthropologie der Russischen Akademie der Wissenschaften (IEA RAS).

Die Tatanua-Maske
Arina Lebedeva, Wissenschaftlerin am Lehrstuhl für Australien, Ozeanien und Indonesien am Peter-der-Große-Museum für Anthropologie und Ethnografie (Kunstkammer), Russische Akademie der Wissenschaften (MAE RAS), Doktorin der Geschichte.

Die Maske des Xiuhtecuhtli
James Hamill, Kurator, Experte für Sammlungsfragen am Lehrstuhl für Afrika, Ozeanien und Amerika des Britischen Museums.

Die Maske des Agamemnon und
Die Masken des antiken Theaters
Pavel Yevdokimov, Dozent, Lehrstuhl für Alte Geschichte, Staatliche Lomonossow-Universität Moskau, Doktor der Geschichte.

Die Masken des Königreichs Shu und
Die Masken der chinesischen Oper
Sergey Dmitriev, Senior Researcher, Institut für Orientalische Studien und China, Russische Akademie der Wissenschaften.

Die Masken des Nō -Theaters und
Die Maske der Affen
Anna Egorova, Senior Researcher und Doktorandin der Kunstgeschichte, Museum für Kunst der Völker des Ostens.

Die Masken des Topeng-Tanzes
Elena Revunenkova, leitende Wissenschaftlerin und Doktorin der Geschichte, Peter-der-Große-Museum für Anthropologie und Ethnografie.

Die Masken des Cham
Veronika Belyaeva-Sachuk, Doktorin der Ethnologie und Doktorandin der Geschichte, Zentrum für Arktisstudien.

Medizinische Masken und
Die Maske des Pestdoktors
Alla Dubovik, Leiterin im Hygienemuseum des Zentrums für medizinische Prävention der Stadt St. Petersburg.
Elena Shorina, Künstlerin im Hygienemuseum des Zentrums für medizinische Prävention der Stadt St. Petersburg.

Schneemasken
Mikhail Bronstein, leitender Wissenschaftler, Museum für Kunst der Völker des Ostens, Fakultät Kunst des Kaukasus, Zentralasiens und Sibiriens.

Originaltitel: МАСКИ И ИХ ИСТОРИИ (Masken und ihre Geschichte)

Издательство »Пешком в историю«® (A Walk Through History Publishing House ®)

Die deutsche Ausgabe wurde durch die Literaturagentur MARIA SCHLIESSER, Berlin, vermittelt.

Bibliografische Information der Deutschen Nationalbibliothek
Die Deutsche Nationalbibliothek verzeichnet diese Publikation
in der Deutschen Nationalbibliografie;
detaillierte bibliografische Daten sind im Internet über http://dnb.de abrufbar.

Übersetzung: Alexander Löwen
Lektorat: Tatjana Malinski
Satz: Sebastian Maiwind, Berlin
Gedruckt auf chlor- und säurefreiem Papier und gebunden bei Finidr in Český Těšín,
 Printed in Czech Republic.
ISBN 978-3-7920-0381-7

www.karl-rauch-verlag.de